SV

Juan Carlos Onetti

Magda

Roman

Aus dem Spanischen von
Anneliese Botond

Suhrkamp Verlag

Die Originalausgabe erschien 1987
unter dem Titel *Cuando entonces*

Erste Auflage 1989

Druck: MZ-Verlagsdruckerei GmbH,
Memmingen
Printed in Germany

Magda

Ich sehe sie, dicht an meiner Seite,
mit schweigenden Lippen,
traurig und zitternd.

W. W.

Für María Raquel

I

Darin Magda benannt wird

Wieder einmal begann die Geschichte für mich an dem Nacht-Tag der heiligen Rosa. Wir saßen mit Lamas in einer Bierstube, München getauft, in Lavanda. Die Hitze in dem Lokal, das voll von Lechzenden, Rauch und Stimmen war, nahm zu. Es herrschte ein fortwährendes und ungleichzeitiges Klappern von Bierkrügen und Bestecken. Da war es, daß Magda und ihr Leben, wenngleich zerbrochen, geboren wurden und sich ausdehnten.

Die heilige Rosa kehrte wieder und bedrohte scherzhaft Lavanda und Buenos Aires. Dreißigster September. Immer hält sie Wort und schleppt den Frühling an. Aber das setzt voraus, daß man sie als Freundin erträgt und, fast vergehend, Hitzen und Feuchtigkeiten ausschwitzt.

Nun war sie in Lavanda, und man erwartete notgedrungen die lärmende Ankunft der einzigen sympathischen Hure, die, nicht ohne Beleidigung, im Heiligenkalender Gregors XIII. steht.

Ich erinnere mich nicht, je eine Frau von vergleichbarer Koketterie gekannt zu haben. Keine, die mit diesem fernen Donnerknallen daherkam, Allotria wie Kinder, die mit Raketen spielen, um unvermittelt, hoch erhaben, unser bewußtes Atmen mit Donnerschlägen zu leiten, die das Ende der verrotteten Welt ankündigten, um plötzlich abzulassen und sich mit verhaltenem Karnevalsgelächter zu entfernen.

Bekanntlich kam sie nur ein Mal auf Erden, und das, um weitab im norwegischen Sirilund, durch Täuschung verlockt, den Leutnant Glahn zu lieben.

In Lamas' immer spöttischem Gesicht fand ich keine Linderung meines fast angsthaften Zustandes, meiner schlechten Laune. Ich sah, wie er sich trinkend mit dem Bier ablenkte, dem die Deutschen an der Theke mit kleinen Holzspaten den überschüssigen Schaum abnahmen: alte Gewohnheit, bewundernswerte Perfektion. Trügerische Linderung der Hitze zeigte die Bierstube mit der Täfelung aus poliertem Holz und dem Gestänge der Hirschschädel, die vielleicht aus Pappmaché waren, aber echt wirkten. Von der Decke, aus nicht zu ortenden Winkeln, surrten Ventilatoren überheblichen und unvermögenden Willens.

Auch die Porzellankrüge mit Metalldeckeln und kolorierten Szenen aus Jagd und trautem Heim kämpften gegen die Hitze. Wir tranken Krug um Krug, ohne anderen Gewinn, als mehr Schweiß abzusondern, ohne uns die Demütigung zu ersparen, zwischen Tischen mit schnaufenden Männern in Hemdsärmeln und Frauen in weit ausgeschnittenen Blusen zum umkämpften Pissoir zu gehen, das schon überfloß und überflutete.

Wir hatten uns lediglich gestattet, den Krawattenknoten zu lockern. Die Stimmen stiegen auf in dem großen teutonischen Bierlokal, die Stimmen prallten aufeinander, rückten sich, grob oder höflich, an der Decke zurecht. Vielleicht kamen sie herunter, um sich unter neue Schwestern zu mischen, vielleicht behalfen sie sich mit der Kakophonie der Bierkrugdeckel, die auf die Ungeduld und die Langeweile einschlugen.

Drüben, in einer unsichtbaren Ecke, zitterte ein zweistimmiges Lied auf:

> Mein Hut, der hat drei Ecken,
> drei Ecken hat mein Hut,
> und hätt er nicht drei Ecken,
> dann wär er nicht mein Hut.

»Die Hurensöhne«, sagte Lamas sanft. »Jetzt fangen sie an. Wenn das um sich greift, geh' ich. Gleich wird es dunkel, und vielleicht schon kühler. Und ich, der ich Ihnen von der Magda erzählen wollte.«

»Halten Sie sich nicht auf. Das ist nichts. Sie machen sich Luft mit unerträglichen süßen Gesängen.«

»Nun gut. Bestellen Sie noch eine Runde, und ich schenke Ihnen dafür eine Beichte, die ich mir für mein Totenbett aufgehoben hatte. Der Dante zerreißt mich. Irgend so was.«

»Ah, der Komödiant im Tragöden!« Lachend suchte ich nach dem blonden Quadratschädel des Kellners in weißer Jacke, der mir abhanden gekommen war in dem von den Ventilatoren kaum bewegten Rauch in der Bierstube.

»Prosit, wie die Gringos bellen«, sagte Lamas, seinen frischen Krug hebend. »Lassen Sie die Geschichte über sich ergehen, solange das Gewitter nicht kommt, das man uns versprochen hat.«

»Legen Sie los; ich höre, ich gehorche.«

»Ich will nicht beschwören, daß sie Magda hieß, Magdalena. Vielleicht hieß sie so, vielleicht hat einer der Schmarotzer, ein schon betrunkener, den Namen erfunden. Einer der vielen, die um den spendablen Tisch saßen. Magda und der Major der fabulösen Truppen. Herr Major! Einer unterbrach sein Aufschlucken und murmelte: Maria von Magdala und Samariterin, alles vereint in deiner Schönheit. So ähnlich. Dem Durstigen gibst du zu trinken. Den Rest weiß ich nicht. Dummköpfe, die wir waren, lachten wir alle beifällig. Sie, die eben geborene Magda, nicht, und auch nicht der Major, der das Profil einer dunklen Münze hatte. Nein, kein Neger, auch kein Mestize. Dunkelbraun. Und ein Körper wie ein Schwergewichtheber. Als hätte er nicht gehört. Er schnippte den Finger an die Whiskyflasche, wie um einzuladen. Wenn wir mit den Krüglein weitermachen, bin ich imstande und sage Ihnen, daß der Idiot aussah wie ein Adliger aus einem dieser indianischen Adelsgeschlechter, die auf dem Kontinent lebten, bis aufgrund eines Irrtums die Genueser Pest, Don Christophorus, erschien und Hunderte von spanischen Verbrechern auf Suche nach Gold und noch mehr Gold mitbrachte. Gut waren, bei Lichte betrachtet, Ihre Indianer nördlich vom Río de la Plata, die Díaz de Solís gegrillt verspeisten.«

»Ihnen ist schon das Bier zu Kopf gestiegen. Bitte keine historischen Texte. Rücken Sie mehr von Maria Magdalena und dem Soldaten heraus.«

»Respekt! Major. Militärattaché.«

»Tatsächlich? Ich dachte, Kulturattaché wäre er gewesen.«

»Keine Sorge, die kommen schon noch. Ich habe mir sagen lassen, daß einige sogar schreiben können. Pardon: daß sie sogar Verslein schreiben.«

»Ja, die halte ich jeder Schamlosigkeit für fähig. Aber Maria von Magdala.«

»Was ich Ihnen gesagt habe, war nützlich: dadurch verstehen Sie die Geschichte. Jetzt schreibe ich sie Ihnen auf. Verbessern Sie mir die Interpunktion. Mehr Bier, denn die Sache wird lang.«

»Es donnert nicht. Ein gutes Zeichen, daß Regen kommt. Sage ich. Wetten kann niemand abschließen auf diese Verrückte.«

»Wenn eine verrückt war, dann Magda. Wie wir sie schließlich nannten. Einer aus unserer Clique taufte sie Flor de Té, Teeblüte. Ihren echten Namen erfuhr man nie. Einer hat einmal gesagt oder geschrieben, daß man bei Frauen nie weiß. Kommentar eines Freundes: besonders, wenn es Lehrerinnen sind. Ich bitte um Vergebung, weil der Witz, oder was es sein soll, nicht witzig ist. Aber, wenn Sie erlauben, zurück zu Magda.«

Die Hitze veränderte sich allmählich; sie stand nicht mehr, sondern kam in dicken, stillen Schwaden durch die zwei großen eisengefaßten Glastüren herein.

»Wir hätten merken müssen, wie die Sache lief. Oder wenigstens ich. Die anderen waren drei oder vier Porteños, die der Losung huldigten, daß Samstagnächte durchgefeiert werden müssen. Hier lege ich eine Pause ein und erkläre Ihnen das. Eines Tages wird einer eine Studie schreiben, Psychologie oder Soziologie oder was man sonst dazu braucht, um den Porteño, unter den Argentiniern eine besondere Fauna, zu definieren. Aber darüber sprechen wir bei einer anderen Gelegenheit. Jetzt ...«

»Jetzt, ohne Tropfenzähler, Maria Magdalena.«

»Einverstanden. Ich komme zurück. Die sakrosankte Samstagnacht. Jeder hatte seine Verpflichtungen oder seine Zerstreuungen, aber gegen Mitternacht, kurz vor Beginn des Sonntags und seiner Probleme beim Pferderennen, manchmal, auf der Rennbahn in Palermo, hartgewordener oder feuchter Lehm, andere Male auf dem Rasen von San Isidro, wo die Vollblüter, Kehlkopfpfeifer oder nicht, mit der Anmut von Ballerinen liefen, als legten sie es darauf an, keine Anstrengung zu zeigen. Gegen Mitternacht, wiederhole ich, trafen wir Männer uns in *Eldorado*, dem Cabaret, wo, wie wir wußten, unsere immer schöne und immer zu Scherzen aufgelegte Magda saß. Damals, an ihrem Tisch neben der Tanzfläche, in Begleitung des Majors, den ich nur ein einziges Mal in Uniform gesehen habe. Denn nie – wenn es meine Gewohnheit wäre zu schwören, würde ich es Ihnen schwören – ging sie in eine der Logen oder Extrazimmer hinauf, wo man Viertelliterflaschen Champagner trank, eine perfekte Fälschung, sogar mit dem Etikett der Witwe, und wo man die Tische als Bett benützte. Die Kamasutrismen wurden von den Kunden befohlen, und die Frauen gehorchten, ohne ihren Ekel zu zeigen. Ich weiß übrigens nicht, warum ich in der Vergangenheit spreche, wo doch gegenwärtig in der weiten westlichen und christlichen Welt das gleiche geschieht. Und sprechen wir nicht vom Orient. Die Zeitung hat mich nie nach Japan geschickt, also kann ich nicht als Augenzeuge den alten Witz dementieren, an den Sie denken. Man sieht es Ihrem Gesicht an. Vergessen Sie ihn. Die Frauen, die in die Logen hinaufgingen, taten es, weil sie in ihrer Pension Essen und Miete bezahlen mußten. Jetzt, zwei Dinge: diese Frauen sind alle ein bißchen weniger Huren als die vaterländischen Oberhuren der Aristokratie meines Landes, die nach der neuen Bereicherung, mit der unsere uniformierten Ehrenmänner sie beschenkten, immer noch leicht nach Kuhfladen und dem Schweiß Stacheldraht ziehender Basken riechen. Und zum anderen: was halten Sie von ein paar geräucherten Rippchen?«

»Appetit hab ich. Als gute Deutsche sind sie hier auf Delikatessen spezialisiert. Aber alles fifty-fifty. Und kein Versuch, vom Thema abzuschweifen.«

»O weh, Sie werden sich in Magda verlieben; eine unmögliche Liebe, Typ Werther, da wir schon das Ambiente haben.«

Gelenkig stand Lamas auf und ging an die Theke, um mit dem großen Teutonen zu reden, König ohne Zepter, aber unbestrittener Schwinger des Holzspatens, mit dem er unerbittlich den aus den Krügen aufblühenden Überschuß an Schaum köpfte.

Nach den winzigen Rippchen und dem Sauerkraut, nach einem neuen Ausflug in das bereits unumgehbare Gepritschel im Pissoir:

»Und um diese Zeit«, sagte Lamas, »saßen sie immer an demselben Tisch, standen nur wenige Male auf, um auch ein bißchen zu tanzen. Hochintelligent, wie wir waren, ahnten, begriffen wir endlich, daß unsere allzu häufigen Besuche an dem geheiligten Tisch nicht eben mit Herzlichkeit aufgenommen wurden. Ah, Magda, lustig und zu Scherzen aufgelegt. Aber er. Er, lächelnd und großzügig, mit dem weißen Lächeln eines Schwarzen einladend zum Trinken, den breiten Brustkorb auf dem Stuhl so straff aufgerichtet wie bei einer Militärparade mit sitzenden Soldaten. Sein endgültiges Mahagonigesicht, das die Zeit nicht verändern würde. Später erfuhr ich, daß es gebräunt war von der immerwährenden Sonne seines Landes und daß sein Körper weiß, anämisch war wie der einer jungen Engländerin. Ich erfuhr es, und mehr sage ich Ihnen nicht. Magda behandelte er immer respektvoll. Die eine oder andere Vertraulichkeit, das schon; aber immer respektvoll. So, fast ohne Worte, die kaffeebraunen Augen bewegend, um uns anzusprechen, ohne uns mit Namen nennen zu müssen. Ich sagte Neger, glaubte es aber nie. Indio, das schon; ein paar Tropfen dunkles Blut, die genügten, ihn mit Verachtung und Schweigen abzusondern. Daß er uns nur duldete, merkten wir jeden Samstag unzweifelhafter. Nicht alle Samstage natürlich, nicht wie einer, der die Karte stempeln lassen muß, wenn er ins Büro geht.«

Lamas griff wieder nach seinem Bierkrug und zeigte mir ein Beinah-Lächeln der Entschuldigung.

»Vielleicht kommen mir diese Enthüllungsanfälle, wenn die Sterne in eine bestimmte Konjunktion eintreten. Über meiner Geburt stand – oder besser, herrschte – Virgo. Sie ist mir rasch abhanden gekommen, wie Sie sich denken können.«

Düster und mit verhangenem Gesicht lehnte er sich zurück. Der Lärm in der Bierstube schien nachzulassen. Am Himmel ertönte ein nicht überzeugender, nichts verheißender Donner. Als gehorchte er ihm, schob Lamas den Körper vor, bis er sich mit den Ellenbogen auf den Tisch stützte. Er sah nicht mich, sondern etwas Unsichtbares an, das sich hinter mich gestellt hatte.

Nach längerem Schweigen sagte Lamas ohne Bitterkeit:

»Alle zum Scheitern verurteilt, denn wir wissen ja, was am Ende jedes flüchtigen Triumphes steht. Aber ich spreche, sage ich, von dem Gefühl, gescheitert zu sein, bevor uns die Stunde schlägt. Bilanz zu Gunsten und zu Ungunsten. Ich kann mich nicht beklagen, wenn ich mich vergleiche. Gesundheit gut, oder wenigstens weiß ich nicht, was die Tage zusammenbrauen. Geld habe ich genug und manchmal übergenug. Wie vorgestern abend. Es war mir am Roulett schlecht gegangen, und ich mußte das Zeichen Streichholzschachtel machen. Sie wissen: diese Nächte, die mit einem gefalteten Tausend-Peso-Schein beginnen, und dann muß man binnen vierundzwanzig Stunden zweitausend zurückzahlen. Und ich versichere Ihnen, mit der Roulett-Mafia ist nicht zu spaßen. Da hat sich das Blatt gewendet, die schwarzen Pairs drehten durch und arbeiteten die ganze Nacht für mich.

Aber wenn ich Bilanz ziehe, stoße ich auf entscheidende Gegenposten. Sie wiegen Gesundheit, Geld und was wir Liebe nennen auf, annullieren es. Das alles stirbt ab, sobald es auf die Gleichgültigkeit stößt, das erste Anzeichen des Alters. Alles ist *déjà-vu*, und ich habe nicht einmal Lust, zu irgendeinem Augenblick zu sagen, verweile doch.

Alles vergeht, nachdem es mich angeekelt hat. Meine Mutter liebte die Musik abgöttisch und steckte mich als Kind damit an. Sie gab selbst Klavierunterricht. Es war ein Scheitern, das sie aber nicht zu betrüben schien. Ich habe etwas darüber geschrieben. Wenn ich es finde, zeige ich es Ihnen. Stundenlang hörte ich mir Musik an. Heute endet alles im Rock und der hysterischen Vulgarität derer, die sehen, hören, tanzen und sich betäuben. Auch sie werden ihr Scheitern bekommen.«

Ein wenig beschämt richtete er sich auf, und sein Gesicht ließ nicht erkennen, ob er schon betrunken war oder nicht. Wie um es herauszufinden, bestellte er noch zwei Krüge.

»Ich bin Magda ausgewichen. Gemeiner Verrat. Aber zuerst eine Frage. Oh, Sie sollen sie mir nicht jetzt beantworten. Ich sage, wenn man Sie an die Wand stellte und Sie müßten bekennen, welchen Typ des Gescheiterten Sie an meisten bedauern, welcher Ihnen am meisten zu Herzen geht und Ihnen am meisten Haß auf die Grausamkeit des Schicksals oder der Schicksale eingibt.«

»Alle«, unterbrach ich ihn. »Warum sollte ich einem den Schmerzvorzug geben?«

»Denken Sie nach. Später reden wir. Ich bin nicht unhöflich. Wir waren in *Eldorado*, ein Wort, ohne Artikel. Der Macker, der es gekauft hat, verstand sich aufs Namengeben; vielleicht war es ein schwuler Dekorateur. Der anstandslos zahlende Indianerfürst, die göttliche Magda, ich selbst unter den Nachtschmarotzern. Und durch ein Zusammenwirken von Umständen, wie es das Leben immer erzwingt, ging die Sache zu Ende. Oder fing an, zu Ende zu gehen. Die Überraschung sagte es mir. Mir war ein geplantes erstes Rendez-vous fehlgeschlagen, und so fiel ich vor elf Uhr im Cabaret ein. Und da saß Magda, saß am selben Tisch wie immer, der in eiliger Anwendung des Gesetzes der dreißig Jahre endgültig ihrer geworden war; saß da, allein, ohne Flasche, ohne Militärattaché. Einsam, sagte sie lachend, aber noch nicht *fané*. Wir können bestellen, was du willst. Der Mann hat ein offenes Konto dagelassen. Mach dir keine Gedanken: er wird in Dollars ausgezahlt, seiner Frau schickt er Geld oder bekommt es monatlich abgezogen. Nutzen wir es aus, solange seine Begeisterung anhält. Er mußte weg wegen eines neuen Staatsstreichs, der ihn diesmal begünstigt. Es sind Freunde von ihm. Er kommt bald wieder. Heute ist alles anders, sagte ich. Den Whisky bezahle ich, und wenn es mich mein Gehalt kostet. Señor, sagte sie, in spöttischem Ausdruck von Respekt den Kopf senkend. Wenn Sie blöd sind, tun Sie, was Sie wollen. Der Kupferbraune war verliebt, oder sie hatte mehr Kraft als ein Joch Ochsen. Man weiß nie, und möglicherweise ist alles eins. Aber das Seltsame war – und vielleicht ist bei dieser Art von Angelegenheiten alles so –, daß ich anfing, mich zu verlieben, aber ganz langsam. Und ich spreche nicht von der Magda von *Eldorado*, die zum größeren Haß der übrigen Frauen alle paar Abende ein neues Modellkleid anhatte. Stimmt; weil der Major in Dollars ausgezahlt wurde. Eine Magda, eine Taille, ein Paar Brüste, ein Paar Hüften, daß allein sie sich nackt vorzustellen schon eine kleine Wollust war. Ich spreche von einer anderen, von der, die ich während der vierzehn oder zwanzig Tage, in denen der Major nicht da war, jede Nacht, frühmorgens um drei, begleitet habe. Fast immer gingen wir das letzte Glas im *No name* trinken. Und da leistete ich mir dann das Vergnügen, einzuladen und zu bezahlen. Da schon. Denn sie ging in einem Mantel aus, der nichts von einem Hermelin hatte. Kleider, die ihr nicht paßten, zu groß für sie, braun und gelb, Sachen aus diesem Nylon, das arme und noch nicht ganz hoffnungslose Frauen tröstet. Notieren Sie sich die Elemente, die zusammenkamen, um einen Abschluß zu bilden. Magda hatte Manieren, nie habe ich ein ordinäres Wort von ihr gehört; daß sie schön war, sagte ich schon, und sie war, ohne es zu zeigen, intelligenter als die meisten Männer, die um sie waren. Mit Sicherheit intelligenter als der

Soldat. Und sie trug einen breitkrempigen schwarzen Männerhut, noch ehe das, wie ich jetzt auf den Straßen und in den Illustrierten sehe, bei Idioten beiderlei Geschlechts Mode wurde. Und in diesem Aufzug hatte sie nichts zu tun mit dem begehrenswerten Weib, das in *Eldorado* Kleider zur Schau stellte und liebevoll, demütig und töricht lächelte, wenn sie den unerschütterlichen Mann ansah, der unsere, der Schmarotzer, Zeche zahlte. Denn sie selbst trank nur Tee, aus großen Gläsern, die Highballs vortäuschten. Was unvermeidlich dazu führte, daß sie ab und zu auf die Toilette gehen mußte, für uns, die wir dem langsamen Schaukeln ihrer Hüften nachspähten, eine Gelegenheit zu stillem Leiden. So, bekleidet oder bedeckt mit dem billigen Mantel und dem Zigeunerhut, löste sie bei mir nicht Begehren, sondern Zärtlichkeit aus. Und vielleicht erriet sie es, wenn sie das Aufkreischen nach Art kleiner Mädchen übertrieb und mit langen zweideutigen Schritten ging. Mehr als einmal ging mir plötzlich durch den Kopf, daß die Frau im Cabaret und das Mädchen, das ich in jenen frühen Morgenstunden begleitete, nicht wirklich existierten, daß es zwei Farcen waren und daß nur Gott wußte, wie viele sie noch in ihrem Repertoire hatte. So bis zum *No name*, dem schwarzen Barmann und dem fast immer letzten Glas, weil sie viele Stunden Schlaf brauchte, um am nächsten Tag in *Eldorado* zu glänzen.«

Lamas erhob sich träge, richtete, Abschnitt um Abschnitt, seinen Körper auf.

»Hier ist meine Geschichte zu Ende; für mich eine

Tragödie, die mich manchmal überfällt und krank macht. Auch das *No name* und mein Freund, der schwarze Simons – mit einem m, bitte –, waren am Epilog beteiligt, ohne daß sie es jemals erfuhren. Für heute ist sie beendet. Vielleicht an einem anderen Abend.«

Er baute ein Lächeln auf und sagte, wir sollten gehen, wir sollten zahlen. Ich zog meine Brieftasche heraus und legte sie auf den Tisch. Ich spürte, da war etwas Ernstes, das Respekt verdiente. Es waren schon keine Kunden mehr im Lokal, vielleicht noch das eine oder andere Paar in einer dunklen Ecke. In der schwülen Luft der Straße sagte Lamas:

»Sehen Sie die Feuchtigkeit auf dem Pflaster. Aber die Hitze dauert an. Ihre heilige Lieblingshure hat gedroht und ist nicht gekommen.«

»So ist es immer. Heilige, Huren und dieses Intermezzo, das wir Frauen nennen. Bevor wir uns trennen, möchte ich Sie etwas fragen; Sie brauchen keine Antwort zu geben.«

»Fragen Sie.«

»Es ist eine alte Neugier. Sie waren Redaktionssekretär bei der auflagenstärksten Tageszeitung von Buenos Aires. Warum sind Sie nach Lavanda gekommen, um das Käseblättchen zu leiten, in dem wir arbeiten?«

Von einem fast ordinären Lachen geschüttelt, lehnte sich Lamas an eine Mauer. Als er wieder zu Atem kam, behielt er die Reste eines Lächelns bei und legte mir die Hand auf die Schulter.

»Sehr einfach«, sagte er. »Buenos Aires hat kein Roulett, und Lavanda hat eines. Eine seltsame Liebe, mein Freund. Wenn es ihr gelingt, mich innerlich ganz zu besitzen, erlebe ich Nächte großen Glücks. In anderen, den meisten, komme ich mit Schulden heraus. Aber ein Laster, welches immer, kann nur ein anderer Lasterhafter verstehen. Gehen wir?« schlug er vor.

»Auf der Plaza Cagancha ist ein Taxistand.«

Wir setzten uns in Bewegung. Der Schmerz in den Beinen, der von dem hochlehnigen Stuhl kam, verlor sich. Wir gingen langsam, tauchten ein in das unbedeutende Ende der Nacht, die ihre Schwärze behielt. Schweigend, einen Häuserblock weit. Dann sagte Lamas mit einer Stimme, als spräche er zu sich selbst:

»Wenn es Ihnen nichts ausmacht, dann sagen Sie mir, wann immer Sie wollen, welcher Typ des Gescheiterten den Eindruck des größten Scheiterns macht. Und, hören Sie: ich bin nicht nur des Rouletts wegen hergekommen. Ich mußte mich von Magda reinigen. Ich denke, ich habe die ganze Nacht nichts anderes gemacht als den Versuch einer Katharsis.«

Der Frühling kam ohne glaubhafte Ankündigung durch ein Gewitter. Lavanda verwandelte sich in eine Stadt, deren Straßen Windkanäle waren, und der Übergang zum Sommer war von ungerechten Kälteeinbrüchen und plötzlichem Platzregen markiert. Wolken ohne Silberrand hielten beharrlich den Himmel besetzt; täglich spotteten sie der Hoffnung auf friedliche Bläue. Vor allem spotteten sie der großen kollektiven Hoffnung: Wärme, um in die schönsten Strände der Welt einzufallen; Wärme, um den Unrat auf dem städtischen Sand um fettige Papiere, Getränkedosen und Gringofrauen zu vermehren. Und während dieses undankbaren Frühlings waren meine Beziehungen zu Lamas außerhalb des Redaktionssaales der Zeitung gleich null. Lamas bestellte Artikel über so starke Themen wie »Die letzte Trambahn«, »Lolita von Nabokov«, »Marilyn von Sabat« oder »Die acht Tangoklaviere«. Ich gab mir Mühe, sie ihm so gut wie möglich zu schreiben. Aber nie fand ich an meinem Beinah-Freund eine Bresche, damit er sich noch einmal mit dem Santa-Rosa-Mann in der Bierstube vereine. Das schmerzte mich, war aber keine fremde Erfahrung. Vielleicht, und vielleicht sogar sicher, war der Grund für den Vorhang, den Lamas herabgelassen hatte, der ständige Selbstvorwurf des Beichtlings, der seine Intimität vor dem eigenen Ich offengelegt hat. Immer glaubte ich in diesen Reaktionen, in diesen Anfällen von Reue, Kindern einer Hingabe ohne Liebe, etwas Weibliches bemerkt zu haben.

II

Darin Magda
geliebt wird

Ich kann nicht ahnen, ob es ein Gott war, ein Demiurg oder ein Teufel, der sich des Lampiño bediente, um mir die Worte zu sagen, die meinen Eintritt in das schnurgerade Labyrinth meiner Sklaverei und Folter anbahnen und mir befehlen sollten.

Es war nach eins, und die Rotationsmaschinen, die die Innenseiten der Zeitung druckten, ratterten, daß in der Redaktion der Fußboden zitterte. Ich klopfte mit dem Bleistift auf meinen Tisch in Erwartung der großen Nachricht, die nicht kam und die mich zwingen würde, mittels großer Holzlettern die Schlagzeilen auf der Titelseite neu zu setzen.

So stand es, als der Lampiño, achtzehn Jahre, eine ewig rauchende Zigarette im Mundwinkel und meine rechte Hand, um mich mit Klatschgeschichten zu versorgen und mir zu helfen, wenn es Probleme gab, die gewundene Eisentreppe, die die Druckerei mit der Redaktion verband, heraufkam, um mir zu sagen:

»Lamas, ich hab vergessen, Ihnen den Tip zu geben. *Eldorado* hat frische Ware bekommen. Wenn Sie Gesellschaft brauchen, schauen Sie dort vorbei.«

»Was zum Teufel ist *Eldorado*?«

»Wenn Sie das nicht kennen, kennen Sie nichts. Der beste Tanzpuff der Stadt.«

Das war der Anfang meines ahnungslosen Eintritts.

Und viele Tage später besuchte ich *Eldorado*, wählte eine Frau und führte sie mit der obligaten Viertelliterflasche gefälschten Champagners in die Loge hinauf. Und in einer dieser Nächte entdeckte ich Magda im großen Haufen und bildete mir ein, sie hätte mich als Person und nicht als Kunden gesehen. In einem bestimmten Augenblick sahen wir uns an, und schon damals gehörte ich Magda, bis auf den heutigen Tag, mochte geschehen sein, was geschehen war.

Sie saß an ihrem Tisch bei dem militärischen Eindringling und der Zweiliterflasche Whisky und den Fliegen, die mittranken und hofierten.

Eines Nachts machte ich mich heran, mein Glas in der Hand, ein volles, um anzuzeigen, daß ich willens war, ohne Absicht des Mißbrauchs mit ihnen nett zu sein. Mit solcher Schüchternheit näherte ich mich anfangs, mit welch schüchterner Ungeniertheit später. Nach und nach gelang es mir, akzeptiert zu werden, gelang es mir, den Duft von Magdas Achseln, von ihrem Haar zu atmen.

Und diese Scheinintimität konnte uns nicht absondern von der Welt aus Farben, Bewegungen und Musik. Den tanzenden Paaren, bestehend aus dunkel gekleideten, austauschbaren Männern mit glänzendem, plattgekämmtem Haar und den tausendfarbigen Kleidern der noch nicht bestätigten Prostituierten. Das kam und ging, umkreiste uns und entfernte sich ein ums andere Mal, stundenlang. Und oben, auf der Galerie ohne sichtbares Laster, die Musiker, zwei kleine Orchester: das Tango schluchzende einheimische und das sogenannte amerikanische, das, mit Gedröhn, Wirbel und Schweiß diktierte.

Dazu kam Nacht um Nacht ein Tänzer mit seiner Begleiterin. Er war unter dem Spitznamen »Der Ganove« bekannt und beschwor mit seiner grauen Vorstadt-Luckymütze und dem großen weißen Halstuch statt Krawatte Zeiten herauf, aus denen schnell längst vergangene geworden waren. Auch altehrwürdige Figuren des Tangos, den das einheimische Orchester für ihn spielte, erweckte er flüchtig zum Leben, führte *cortes*, *ochos* und *quebradas* aus, Kinder heroischer Zeiten oder vom Tänzer selbst erfunden.

Die Tanzfläche blieb leer, und Frauen und Kunden umstanden sie, um ihn zu bewundern. Jede Nacht besuchte er, eine nach der anderen, die Tanzpisten der Stadt und kassierte nach jedem Auftritt die vereinbarten zwanzig Pesos.

Und jede Nacht kulminierte und verabschiedete sich das Meer an Klängen und visuellen Zerstreuungen, das uns überflutete, mit einer sogenannten Conga, ein Zug, in dem einer hinter dem andern, jeder die Hüften des Vordermanns umschlingend und seinerseits auf gleiche Weise von einem anderen menschlichen Wesen umschlungen, um die Tanzfläche lief, eine lange Schlange ausgelassener Idioten, die »Conga, conga, conga!« schrien, bis die Musiker es leid waren und einpackten. Ich bekenne, ich habe es getan, das Gesicht fast vergraben in die Unverschämtheit von Magdas Hinterbacken. Manches Mal überkommt mich auch die Erinnerung an die Tage, in denen ich Magda nahe war, so nahe ich konnte.

Die fröhlichen und kostenlosen Tischrunden um Mitternacht leiteten, diesmal wirklich, das Finale ein, als eines Abends mit Flasche und ohne Kommandant Magda mich ansah und dabei mit einem Auge blinzelte. Ich verstieg mich zu der Annahme, sie habe mir die Botschaft einer jüngst geborenen Liebe mitgeteilt. Ich, auserkoren unter den unausbleiblichen Schmarotzern. Um sie wissen zu lassen, daß ich verstanden hatte, schenkte ich mein Glas voll und leerte es auf einen Zug, den Blick von ihrem Gesicht abgewandt, um das Geheimnis besser zu wahren. Zum Bau dieses Gesichts gehörte eine großflächige Stirn, die fast männlich wirkte; und sie wußte es und suchte sie durch allerlei Frisuren zu verstecken. Die glatte, angenehm gerundete Stirn bestätigte die Vermutung eines schönen Schädels. Die Augen verengten sich den Schläfen zu. Sie waren schwarz, und ein ständiges Funkeln verriet, was nicht gesagt werden mußte. Den Mund bildeten schmale, strenge, täuschende Lippen, wie so oft bei Frauen, die ein Bett zu genießen verstehen. Ich erinnere mich, daß mir ein alter Freund aus eigener Erfahrung versicherte, daß Frauen mit starken Waden jederzeit fröhlich und ohne Aufschub sein Jagdrevier bevölkert hätten. Auf Magda mit ihren kindlichen Handgelenken und Fesseln traf das nicht zu. Die fast gerade, in einer leicht hebräischen Krümmung verlaufende Nase verlieh dem Kopf Persönlichkeit. Er war im Profil schöner anzusehen als von vorn. Der Kiefer setzte unsichtbar hinter den Ohren ein, um hervorzutreten und, sanft sich rundend, das Kinn und eine Vertiefung zu bilden, die es vom Mund trennte. Um das Bild abzuschließen, setze ich hohe Jochbeine ein, die sich weder zeigten noch versteckten, die da waren und ohne Gewalt die Haut spannten.

Gewohnheit weckt mich um sechs Uhr abends, und ich sehe im anderen Zimmer Streifen einer schwachgelben Herbstsonne auf dem Türrahmen liegen. Die Farbe, die Stunde, die Verworrenheit eines nie mit Klarheit erinnerten Traums: vielleicht sind sie es, die mich zwingen, vergangene, immer weniger ausdrucksvolle Tage mit idiotischen, täglich von der Zeit verstümmelten Gesichtern heraufzubeschwören.

Pünktlicher als die Menstruation, die immer Ekel und Ruhe oder Enttäuschung bringt, erschien an jedem letzten Samstag des Monats Cayetano. Schwarzes, mit Brillantine geglättetes Haar, ein Vogelprofil, verstärkt durch häufiges Nicken, ein goldenes Gliederarmband, das samt der sehr teuren Uhr auffunkelte, sooft seine Hände, ohne Gewalt, fast liebkosend, aufflatterten. Geschminkte Lippen brachte er nicht mit, aber seine Wangen waren sorgfältig mit einem Rosa eingekremt, das Frische zu zeigen bestrebt war, doch waren es im Endeffekt nur magere Vorspiegelungen von Fieber. Und Augentropfen auch, um Glanz in seinen Blick zu legen, der immer fröhlich und liebevoll, flüchtig und scheu war, der akzeptiert werden wollte, Vorbote der Bitte um Anerkennung der ganzen Person. Klein und schmalschultrig, kam er im immer gleichen dunklen Anzug zu uns, um Magda auf die Wange zu küssen und vor dem massigen Uniformierten strammzustehen, einen militärischen Gruß anzudeuten, der mit dem Befehl »Rühren, Mann!« entgegengenommen wurde. Für uns einen guten Abend und das Schwenken seiner zu weißen falschen Zähne. Nie nahm er an unserem Tisch ein Glas an; kaum daß er hinsah, ein kurzer Blick auf die Flasche, als überschlüge er die stets in ungleichem Kampf liegenden Proportionen von Whisky und Luft. Mehrmals hörte ich ihn lügen, er sei abstinent.

Manchmal machte einer aus dem Schmarotzergesindel, das am Tisch saß, einen plumpen Witz über Cayetano und seine Zwitterhaftigkeit. Der Kerl frohlockte mit schallendem Gelächter. Cayetano sah ihn nur an; er hatte den Scherz, der Beschimpfung sein wollte, nicht gehört. Er saß nur kurze Zeit bei uns; unvermittelt stand er auf, sagte n'Abend, grüßte mit einem Handflattern, und bis Ende des nächsten Monats. Es war nicht schwer, sich vorzustellen, wie er mit kurzen Schrittchen sehr jugendlich aufrecht durch die frühmorgendlichen Straßen trottete, ein unruhiger Fünfziger auf der Suche nach seiner verworfenen Liebe, in den Taschen die Dicke des Geldscheinbündels befühlend, das die Jahre unentbehrlich gemacht hatten.

Eines Nachts, der Kommandant abwesend in seinem fernen Dschungel, und Magda, an ihrem Tisch, frei von den Schmarotzern, fast allein vor ihrem Glas kalten Tees, sagte mir, schwach auflachend, sie habe eine Überraschung für mich. Und fügte, in Verkennung der Absurdität, hinzu: »Vorausgesetzt, daß du frei bist, klar.«

Die Überraschung, die Magda mir versprach, stellte ich mir vor als eine Antwort auf mein wiederholtes, nie in Worte gefaßtes Flehen, das sich allenfalls dann und wann aus Versehen, ob der Kommandant da war oder nicht, in einem kurzen Funkeln meiner Augen bekundete. In der Nacht der Überraschung glaubte ich, verstrickt in das Parfum, das sie benützte, ein französisches und weiblichen Namens, wie ein aus feinsten Ranken bestehendes Schlinggewächs ihren eigenen Geruch wahrzunehmen, als lehnte der, siegwillig, sich auf gegen das in kleinen Fläschchen importierte Aroma. Ich erinnere mich nicht, in meinem Leben je einen vergleichbaren, derart wehmut- und hoffnungsschweren Geruch gerochen zu haben.

Während ich Lächeln und ortsübliche, jeder Schlagkraft entbehrende Schimpfwörter mit dem Portiergorilla wechselte, der sich seiner vegetativen Welt entrungen hatte, um mich um Zigaretten zu bitten, sprach Magda mit dem Taxifahrer.

»Danke«, sagte der Affe. »Blonde Virginia. Andere rauche ich nicht.«

Ich schenkte ihm das Päckchen, weil ich noch ein jungfräulich unberührtes in der Tasche hatte und weil damals alle Nächte junge Mädchen waren und es immer offene oder halboffene Plätze gab, wo man Tabak und andere Laster kaufen konnte.

Wir fuhren nicht nach Süden, Independencia achthundert, wo Magda in einem dieser Apartments für unbemittelte Alleinstehende wohnte: ein Zimmer mit Fenstertür, Bad und Kitchenette. Auch um das *No name* machten wir einen Bogen. Das Taxi fuhr nach Norden zur Avenida Santa Fe und hielt vor einer Hausnummer, die ich im Gedächtnis behalten muß, aber niemals sagen darf. Magda lachte, während ich bezahlte:

»Eine Überraschung, hab ich gesagt«, sagte sie.

Sie öffnete die Haustür mit einem kleinen Schlüssel, und wir kamen, nach dem Aufzug, in den zweiten Stock, und Magda schloß mit demselben oder einem Zwillingsschlüssel eine weiße Tür auf.

»Leise«, sagte sie lächelnd, die Geste mit dem mundverschließenden Finger mutwillig übertreibend. »Hausmeister gibt es, aber Nachbarn keine.« Sie lachte sehr laut, während wir die Wohnung betraten, sie voran und entschlossen alle Lichter anknipsend.

»Gefällt es dir? Mir soso, lala. Bitte, sei ehrlich.«

Lange Zeit später, als die Empfindung und die Erinnerung nutzlos geworden waren, glaubte ich zu begreifen, was diese Möbel, diese Gegenstände offenbarten.

»Schau, der Schlüssel schließt beide Türen. Und er ist golden, wie dieses Kreuz! Was trinken wir? Ich habe auch eine kleine Bar.«

Sie trug ein grünes, kaum ausgeschnittenes Kleid, zog zwischen den Brüsten das schwere Kreuz hervor und ließ es schwingen. Lächelnd genoß sie meine vermeintliche, so sehr angekündigte Überraschung bei der Besichtigung der Möbel, der leichten Vorhänge, die uns von der Nacht trennten. Ich legte Staunen, Ekstase in meine Miene und ging einige Schritte, um die Bewunderung zu verlängern, von der ich wußte, daß sie geboten war. Magda lachte wieder und sagte: »Entschuldige mich.« Sie ging durch eine ebenfalls weiße Tür hinaus, von der ich richtig vermutete, daß sie ins Bad führte. Ich blieb allein zurück in der Betrachtung von Dingen, die mich an den Niedergang großer Kulturen nach dem Barbareneinfall denken ließen. Die Möbel, Stühle, Sofa, Bücherregal, waren schön, herrliche Hölzer ohne Anstrich und Lack, geschwungen oder gerade, um Bequemlichkeit und Schönheit zu spenden. Da standen sie, wahrscheinlich kaum benützt, vergewaltigt von den knalligen Farben riesiger Sofakissen. Regale, in denen niemals Bücher stehen würden, ertrugen die Unverschämtheit von Heftchen, die die Stupidität nordamerikanischer Comics imitierten. Und die Beleidigung der Familienbilder: großzahnige und skrofulöse Kinder, dicke, stramm aufgerichtete Gattinnen; Photos, aus Illustrierten ausgeschnitten, zeigten die Gesichter der Komiker und Komikerinnen, aus denen die traurige Fauna unserer Radio- und Fernsehstars besteht. Ich sah den Mantel über dem Sessel liegen, störend durch mutmaßliche Billigkeit, dermaßen Hundepelz, daß er einen zu streichelndem Kraulen, zu liebevollem Getätschel einlud. Meiner Bosheit kam der Gedanke, daß ihn weiter zu tragen nichts anderes war als ein feiner Angelhaken, ausgeworfen nach einem kostbaren Ersatz: Hermelin, Nerz, Chinchilla oder was sonst sich Magdas Ehrgeiz erträumte.

Dieser Sessel paßte nicht in das Zimmer. Er stach ab von dem strengen, religiösen skandinavischen Stil. Er zeigte Beschädigungen des Leders, und seine Beine waren zerschunden von Bissen, Kratzern eines jungen Hundes oder Katers.

Nun war sie neben mir, und man hörte das Wasserrauschen im Bad dahinsterben. Kann sein, daß das immer gegen die Zeit respektlose Gedächtnis mich trügt und es damals war, daß ich sie unter dem Geruch ihres Parfums zu riechen glaubte.

»Aber setz dich doch, Mann«, begann sie zu reden. »Wirklich, gefällt es dir? Ich hole Whisky, den importierten, den ganz guten. Ich trink ihn so, pur, ohne ihn zu verderben. Weder Wasser noch Soda. Von der Botschaft. Trink ihn langsam, ich schwör dir, es lohnt sich. Und jetzt sag ich dir, daß das eine Geschichte mit vielen Überraschungen ist. Paß auf. Es fing damit an, daß ich nicht wußte, wie mein Kommandant das richtige Datum meines Geburtstags herausfand. Verstehst du? Und ich sag dir keine Zahlen, denn unter uns braucht es das nicht. Solang ich mich jung fühle ... Und du weißt, daß ich mich so fühle. Da ist die Flasche, bedien dich. Du hast ja selber gesehen, daß ich am Tisch in *Eldorado* kaum den Mund aufmache; man muß vorsichtig sein, um nicht ins Fettnäpfchen zu treten, verstehst du? Manche Frauen können weinen, wann sie wollen. Ich, statt zu reden, lache. Du lachst und bist immer fein heraus. Ist es nicht so? Schön. Wie gesagt, eine große Überraschung. Ich wußte das Datum natürlich, aber er, glaubte ich, wüßte es nicht. Er muß meine Handtasche durchsucht haben, die Papiere, meine ich, eines Morgens, als er ging, während ich noch schlief. Denn von den Feinheiten im Bett versteht er nichts und will es auch nicht. Aber das schon: er ist wie ein Stier. Ich hab so etwas nie erlebt und glaube auch nicht, daß ich es noch einmal erleben werde. Da steht der Aschenbecher, und du, biete mir Zigaretten an, oder bin ich vom Armenhaus? Also, wie gesagt, ich wußte genau, welcher Tag es war. Keine Frau vergißt ihren Geburtstag. Bestimmt nicht, wenn wir fünfzehn werden, das große Fest, und zu hoffen anfangen, du weißt schon. Und dann vergehen die Jahre, und das eine kommt, das andere geht, denn so ist das Leben, da kannst du nichts machen. Dann kommt die Angst und nimmt allmählich zu, jedes Jahr mehr, auch wenn du es nicht wahrhaben willst. Aber damit du nicht meinst, daß an diesem Abend damals in dem Loch in San Telmo . . . Schön, so schlimm ist es gar nicht, ich habe es immer in Ordnung gehalten, und außerdem kommt eine Putzfrau, montags, damit ich sie überwachen kann. Also, wie gesagt, er sagte an diesem Abend kein Sterbenswort von Geburtstag, und ich, klar, erst recht nicht. Das war vor ungefähr drei Wochen. Die Sache war die, daß der Kommandant wieder in den Urwald zurück mußte, daß man dort die Hitze nicht aushalten kann und die Häuser weiß gekalkt sind, mit Bleiweiß oder so ähnlich. Aber diesmal sagte er beim Fortgehen, daß Grenzlagereinsatz drohe, und womöglich bekäme er ein Kommando, und wer weiß, ob er dann je zurückkommen würde. Er ging, während ich noch schlief, und was, glaubst du, fand ich am Mittag? Warte, ich zeig es dir.«

Sie wühlte in der Brust, bis sie endlich, zusammen mit dem goldenen Kreuz und mit einem rosa Band daran festgemacht, ein Täschchen herauszog, das sie sicher selbst aus verschiedenfarbigen Wollen gestrickt hatte. Sie machte es auf, zog mit zwei Fingern einen Zettel heraus, hielt ihn mir hin und sagte triumphierend: »Da, lies.«

Ich glättete den Zettel, der vom vielen Falten und Anfassen schon schmutzig war. In meiner Erinnerung sagte er ungefähr dies: »Dieser Schlüssel gehört Dir, und hier gebe ich Dir die Adresse. Alles, was Du vorfindest, gehört Dir, und an Miete brauchst Du nicht zu denken. Mein Schatz, ich muß fort zu einem gefährlichen Fliegereinsatz, aber mein Herz ruht bei Dir.« Ich dachte an den Bauernspruch: Blöd ist der Christenmensch, wenn ihn die Liebe reitet. Er galt auch für mich.

Es war ergreifend, und ich war ergriffen, wenn ich an den Kommandanten dachte, der nun so fern war, mir verbrüdert durch die gleiche Blödheit, die gleiche Blindheit aus Liebe. Ich gab ihr den Zettel zurück, der einen Kleines-Testament-Geruch in den Magda-Duft mischte. Sie verwahrte ihn in dem bunten Täschchen, verwahrte das

Täschchen auf der Brust, während das Kreuz vergessen und unter den Lichtern funkelnd zurückblieb.

»Verstehst du«, sagte sie. »Alles das hab ich vorgefunden. Und alles das –«, ein ärmelloser Arm kreiste, um die Möbel zu zeigen. »Gefallen sie dir?«

Da sie mir sehr gefielen und die skandalösen Kissen nicht ausreichten, die kunstvolle Machart zu verbergen, sagte ich entschieden:

»Ich weiß nicht. Für meinen Geschmack sind das Kirchenmöbel. Sie sind nicht lustig, nicht gemütlich.«

»Nicht wahr? Genau das fand ich auch, als ich sie sah. Aber vielleicht gewöhne ich mich daran. Und außerdem, du weißt ja, einem geschenkten Gaul ... Andererseits ist das Apartment phantastisch und in der besten Straße. Ich habe beschlossen, daß ich mir keine Gedanken mache und es genieße. Denn schließlich: heute sind wir da und morgen nicht. Irgendwo geht diese Krankheit um, Infarkt, sagen sie. Es ist nicht die Pest, aber jeden Augenblick kann es mit uns aus sein.«

Sie lachte in sich hinein, feierte ein Geheimnis.

»Gib mir Whisky«, befahl sie. »Viel, ich will mich für den Tee entschädigen. Und vielleicht erzähl ich dir, was ich immer getan und nie gebeichtet habe. Denn du hast was von einem Arzt. Vielleicht, denke ich, kann man mit dir reden.«

Ich schenkte zwei Gläser voll, die zeigten, daß sie aus feinstem Kristallglas hergestellt waren; ich füllte sie herausfordernd und unhöflich bis an den Rand und sah, während ich trank, immer die Frau an, die fröhlich schlürfte, ohne die Augen zu verstecken. Ich streckte zwei Finger aus, reichte ihr eine Zigarette, und wir rauchten, wobei ich mich fragte, warum es keine von der Botschaft legal eingeschmuggelten Stangen Zigaretten gab.

Ich erinnere mich, daß wir aus den großen Gläsern tranken, langsam und Auge in Auge in einem spöttischen und schweigenden Zweikampf. Kurz nachdem sie mit dem Whisky fertig war, nicht betrunken, aber anders als vorher, stand Magda auf. Ohne mir allzu nahe zu kommen, begann sie ihr Geheimnis preiszugeben. Ich war fröhlich, erregt, aber sehr verhalten hinter dem Schutzwall einer Neugier, die mich zwang, zuzuhören, mit zustimmenden Kopfbewegungen mehr Worte, mehr Bekenntnisse hervorzurufen und alles, was ich hörte, lustvoll, fast wie eine sexuelle Befriedigung auszukosten.

»Ich sage es dir, weil ich es auch einem Arzt gesagt habe, einem ausländischen. Ich bekam es mit der Angst und geh hin zu ihm und sage, daß ich es länger als ein oder zwei Wochen nicht ohne Mann aushalten kann. Und in der zweiten Woche sei ich schon ständig schlechter Laune, kraftlos und mit dem Gefühl, ich verwelke. Viele meiner Freundinnen meinten, ich wäre vielleicht eine Nymphomanin, ich habe das Wort so oft gehört, daß ich es mir gemerkt habe. Aber dieser Arzt, der kein hiesiger war und sich auskannte, ich seh ihn noch vor mir mit seinem runden weißen Bart und mit so feinen Manieren, daß ich ihn anfangs für schwul hielt, obwohl er mich ganz unnötigerweise untersucht hat, nur um mich nackt zu sehen. Ein bißchen pervers, denke ich, denn ich war damals noch ein ganz junges Ding. Und stell dir vor, zum Schluß sagte er mit einem richtig väterlichen Lächeln, da sei nichts von Nympho und so; ich sei nichts weiter als eine normale Frau, und die andern, die wären ein scheinheiliges Pack oder arme Würmer. Siehst du, jetzt weißt du es. Und dann sagte er, ich hätte eben sehr früh angefangen und ich sollte heiraten und nicht mit jedem gehen, auch wenn es das Leiden mit sich bringt: Herzklopfen, nicht zu sagen wie, die Nerven, der trockene Hals. Und glaub mir, es gibt kein anderes Mittel als das, du weißt schon. Aber jetzt, Liebster« – das Wort kam auf mich zu, betont durch ein Lächeln, in dem sich Hingabe und Inbesitznahme mischten – »jetzt, seit ich meinen Kommandanten kenne, sind die Angstzustände vorbei, ich schwör's dir. Nur sind es jetzt schon so viele Tage, Liebster, daß der Kommandant nicht da ist.

Und, klar, dieser räudige Serna, der Geschäftsführer, tut so, als wäre die Herde sein persönlicher Besitz. Wir sind zehn oder zwölf Frauen, die kommen und gehen. Das Merkwürdige ist die Art, wie er sie bestimmt, sie für sich ausliest. Mir kommt das vor, als wären wir für ihn nicht Frauen, sondern Stuten, die er nach Belieben mit dem glühenden Eisen brandmarkt. Er sagt dem Gorilla an der Tür, dem, der jetzt keine Zigaretten mehr kauft, meiner Ansicht nach, weil er einen Krebs hat, und hoffentlich holt ihn der bald, dem sagt er Bescheid, und wenn das

Mädchen, das er sich ausgesucht hat, zur Arbeit kommt, dann gibt ihr der Affe einen Schlüsselbund, an dem zwei Schlüssel hängen, die für die Wohnung des räudigen Serna. Und das bedeutet, daß sie diese Nacht ihm gehört und sich mit keinem Kunden einlassen darf, auch wenn der Mann ihr gefällt und gut bezahlt. Und trau dich, nein zu sagen und dem Portier die Schlüssel nicht abzunehmen, der sie dir am liebsten gewaltsam in die Hand drükken würde und obendrein noch lacht und ›Hast du ein Glück‹ sagt.«

»Nur der Neugier halber: Wie viele Paar Schlüssel hast du bekommen?«

»Gut . . . das waren andere Zeiten. Jedenfalls weiß ich: das letzte Mal, als mir das Ungeheuer die Schlüssel gab, bin ich schnurstracks zum Räudigen ins Büro gelaufen und hab sie ihm auf den Tisch geknallt. Seitdem haßt er mich, und eines Tages wird er sich rächen.«

»Und wieso hast du dich getraut?«

»Dummkopf. Damals war doch der Kommandant schon gelandet.«

Sie kam zu mir, um mich zu küssen, streichelte mich mit den Brüsten, die sie in einem sehr langsamen, sehr erfahrenen Hin und Her an meinem Oberkörper, meinen Kleidern rieb. Ich denke, wir wollten uns hinhaltend und geduldig küssen, aber das erwies sich als unmöglich. Endlich löste sie sich jäh von mir und sagte heiser:

»Gehn wir, um Gottes willen, gehn wir. Du auch, du kannst es nicht leugnen« – dieses Lachen war fröhlich, kindlich und scherzhaft – »aber hier, nie. Natürlich ist ein Schlafzimmer da, aber das muß mit dem Kommandanten eingeweiht werden. Du verstehst das, nicht wahr? Das ist eine Aufmerksamkeit, und er verdient sie. Gib mir den Mantel und gehn wir in das Loch in der Independencia. Wenn wir um diese Zeit ein Taxi kriegen. Ich bete, und immer kommt eines, das leer ist.«

Für sie, für alles, was sie sagte, was ich vermutete, daß sie dachte, für ihre Liebkosungen, ihre Beleidigungen, ihre Launen, Gewohnheiten und Laster war ich nichts als ein gewaltiges und demütiges Ja. Ein Annehmen, das, erwidert, anhielt, bis die Müdigkeit und die Morgensonne das Zimmer für sich in Besitz nahmen. Wir waren, wie ein Freund zu sagen pflegte, zwei Kannibalen gewesen, eingeschlossen in die Zelle eines Irrenhauses.

Während wir im ersten Café, das wir offen fanden, frühstückten, tauchte Magda energisch ein Hörnchen in ihre Tasse, hob die Augen und ein halbes Lächeln und sagte mit sehr klarer, sehr fester Stimme:

»Verzeih, wenn ich es dir sage. Aber die Wahrheit ist, daß ich die ganze Zeit über, obwohl wir verrückt waren und ich es trieb und du es triebst, daß ich die ganze Zeit über an ihn dachte, mir vorstellte, daß ich mit ihm zusammen war. Mein Gott. Ich glaube, ich bin verliebt. Oder nah dran, mich zu verlieben« – ihr Gesicht wurde plötzlich nachdenklich und fremd. »Aber ist dir das klar, Liebster? Ich hab dir Hörner aufgesetzt. Die ganze Nacht über Hörner.«

Sie legte den Kopf auf die Stuhllehne und lachte eine ganze Weile schallend.

Die zwei halb schlafenden Kellner, die den leeren Saal überwachten, begleiteten ihr Überraschungsgelächter mit Lächeln.

Ich sah einen wilden Haß in mir aufsteigen, ich wollte sie erwürgen, ich starrte fasziniert auf das Dessertmesser; ich wollte sie flehentlich und ergeben bitten, dieses gemeine Lachen zu beenden.

Trotz der Müdigkeit zwang die morgendliche Klarheit sie mir als schön, begehrenswert und einzigartig auf.

Pflanzen, rachitische Knospen an den spärlichen Bäumen der Stadt meines Blatts und Hoffnung, auf dem Markt Frauen aus der Nachbarschaft zu treffen, zeigten an, daß der Frühling gekommen war. Aber die Luft war noch winterlich ruhig und rechtfertigte Magdas Pelz, diesen Pelz eines mir unbekannten Tiers, eingeweiht, ehe der Kommandant in ihrem Leben und im Cabaret erschienen war.

In den Nächten, in denen der Kommandant auf Urlaubsreise war, tranken wir das letzte, manchmal zwei Gläser in der Bar, die keinen Namen hatte und *No name* hieß. Dort hatten wir das Lächeln und die Aufmerksamkeit Simons', des schwarzen Barmanns, der meiner Ansicht nach der bestgekleidete Mann von Buenos Aires war. Dabei darf man nicht vergessen, daß mich der Journalismus verpflichtete, ziemlich häufig das *Plaza* und den *Jockey-Club* aufzusuchen, in denen so viele Söhne aus gutem Haus und alte Herren verkehrten.

Ein anderes Mal, in einer anderen Nacht, entrang sich dieser Lump von Herminio, fortgeschrittener Leibwächter-Anwärter, seiner vegetativen Welt, um sich zwischen mir und dem Eingang zu *Eldorado* aufzupflanzen.

»Zigarette?« fragte ich, bot an.

»Ich sage nicht nein, Don Lamas. Denn, wissen Sie, ich hab beschlossen, ich hör mit dem Rauchen auf. Wenn einem erst mal die Schulter weh tut, dann ist Sense. Ich rauche nicht mehr, und deshalb kauf ich nie welche. Aber von Zeit zu Zeit ein paar Züge . . . nicht wahr?«

»Warten Sie«, sagte er. Er hatte noch ein Feuerzeug und bewegte den Daumen, bis die Flamme aufsprang.

»Es ist nämlich so, sehn Sie, daß Don Luis zu mir sagte, daß ich Sie hier abfangen soll, ehe Sie an die Piste gehen. Aber Don Luis hat gesagt, daß es kein Befehl, kein Verbot ist. Daß er nur mit Ihnen reden will, eh Sie hineingehen. Nach dem Ton zu schließen, muß es was Ernstes sein. Da drüben ist das Türchen.«

Unter Umgehung von Pflanzen und ersten Blüten der noch abwesenden Jahreszeit gingen wir ein paar Meter, bis wir an eine kleine Eisentür kamen, die Herminio ohne jedes Quietschen öffnete. Wir schritten zwei Meter auf Holz, zwei auf Linoleum und standen, ich voraus, im Büro des Don Luis und vor dem falschen, gut dressierten Lächeln des Don Luis in Person.

Vorzutäuschen, ich hätte die ausgestreckte Hand übersehen, fiel mir nicht schwer. Ich nickte mehrmals vor seinem Lächeln und stellte einen Fuß auf einen der Stühle in dem Büro, von dem aus Don Luis rund zwanzig Frauen und ich weiß nicht wie viele Kellner, fast alle schwul, befehligte. Jetzt ließ er sich Serna nennen, und manchmal behauptete er in einem kleinen Anfall von Größenwahn, eigentlich heiße er Luis de la Serna. Seine Lüge schmückte er, ohne sie damit zu befestigen, durch Aufsagen einer Genealogie aus, die, wankelmütig, mit Karl V. oder Napoleon begann.

Staunend sah ich – und räumte es ihm als einen Punkt zu seinen Gunsten ein –, daß sein Büro dürftig und schmutzig war wie eine Abstellkammer für Bürokraten ohne Hoffnung.

Damals ließ er sich Serna nennen, wiederhole ich, keineswegs der zwanzig Frauen wegen, die ihn, wenn sie unter sich waren, Sarna, Räude, nannten, und beherrschte bereits diesen öligen, anmaßend herzlichen Umgangston, der im Buenos Aires jener Jahre bei jüngeren Aufsteigern gang und gäbe war. Lange Zeit später sah ich ihn wieder, dicker, wuchtiger, mit unhörbar knallenden Absätzen die Miene eines desinteressierten Ausländers vor sich her tragend, rasiert wie ein Komiker oder ein Pfarrer, ohne den dünnen Schnurrbart, den er sich von irgendeinem Filmschauspieler abgeschaut hatte. Einem Gringo, natürlich.

Das alles ist Erinnerung, das alles geschah lange vor der Militärdiktatur, der Folter, dem Genozid.

Serna offerierte mir einen Stuhl, Zigaretten und zu trinken, was ich wollte.

Ich setzte mich in einen der drei großen, mit mattem Leder bespannten Sessel. Wir hatten darüber hinaus Teppiche, drei bebilderte Wände, einen großen Schreibtisch, bevölkert von zwei Schreibmaschinen, zwei Drahtkörben, einem Porzellangefäß mit Bleistiften und Büroklammern. Auf dem Tisch stand eine Sprechanlage, deren Bestimmung ich nicht begriff.

Auch wenn es mir keiner je geglaubt hat, behaupte ich, die Armlehnen der Sessel waren mit wundervollen Ñandutí-Spitzen geschmückt, großen weißen Sonnen. Schmuggelindizien und Symbole dafür, daß der Raum nicht nur Büro war: etwas von trautem Heim war da.

»Die Angelegenheit, derentwegen wir Sie belästigen, ist ernst. Es handelt sich um den Kommandanten und um Magda. Die Sache kann uns einen Haufen Scherereien, ich meine, Probleme bringen.«

»Wieso uns? Sagen Sie mir, was man mir vorwerfen kann. Ich warte den Redaktionsschluß ab und komme her, um ein paar Gläser zu trinken. Sie wissen, daß der Kommandant einlädt. Er kann. Die Familie besitzt die reichsten Bergwerke von Minas Gerais«, erfand ich.

»Verzeihen Sie. Ich wüßte gern, woher Sie das wissen.«

»Ich habe meine Kontakte. Das bringt der Journalismus so mit sich. Vorausgesetzt, man ist ein guter Journalist und die Zeitung ist bedeutend und unterstützt einen.«

»Wir, ich meine, *ich* habe auch gute Kontakte. Und das deckt sich nicht. Die Sache betrifft außerdem Magda.«

»Hat damit nichts zu tun. Sie wissen: seit die Militärs das Sagen haben, leben wir in einer Demokratie, in einem freien Land.«

Er war schlau genug, den Spott zu überhören, und setzte noch einen drauf:

»Freiheit, solange der HErr nicht beleidigt wird.«

Ohne zu lachen, sahen wir uns mit unverändert unschuldiger Miene an. Ich fand bestätigt, was ich vermutet hatte: Serna war ein intelligenter und zynischer Typ, Tugenden, die ihm in der Zukunft vermutlich hilfreich sein würden.

»Gut«, sagte er. »Lassen wir die Weiber vorerst aus dem Spiel. Das Problem, das uns wirklich Sorge bereitet, ist nicht Magda, sondern der Mulatte, der Kommandant. Ich weiß, daß er seit einiger Zeit nicht mehr kommt. Schlechtes Geschäft für uns, wenn er zurückkommt. Solange er da ist, tanzt Magda nicht und animiert nicht zum Trinken.«

»Ich denke, er wird zurückkommen. Und der verwässerte Whisky, den Sie ihm verkaufen und den er gewissenhaft bezahlt, gleicht die Getränke, zu denen die Frau nicht animiert, allemal aus.«

Serna schüttelte den Kopf und schlug mit der flachen Hand auf den Schreibtisch.

»Ich rate Ihnen«, sagte er langsam und bohrte die Augen in mich, »das nicht noch einmal zu sagen.«

»Wohlmeinende Ratschläge in meinem Alter? Am Ende werde ich glauben, daß Sie bösartig sind, ein gefährlicher Typ.«

»Ich nicht, seien Sie sicher. Aber ich habe gute Freunde.«

»Ah ja, das Schwergewicht. Sie langweilen mich, Don Luis. Sagen Sie mir klipp und klar, warum Sie mich durch den Gorilla haben holen lassen.«

»Das will ich ja; aber anscheinend verstehen wir uns nicht.«

»Mag sein. Vielleicht bin ich begriffsstutzig.«

»Im Ernst. Die Angelegenheit ist kompliziert, wissen Sie. Eine Frage der Psychologie, würde ich sagen. Vom Geld und von der Disziplin ganz abgesehen. Die auch zählen. Sogar sehr, ob Sie es glauben oder nicht. Aber ich werde Sie über die Gesamtsituation ins Bild setzen. Seitdem dieser Kerl hier aufkreuzt, der Mulatte ...«

»Kommandant.«

»Gut, in seinem Land mag er das sein. Hier ...« – Serna schwang einen Arm, um die Unermeßlichkeit von *Eldorado* ins rechte Licht zu setzen – »hier ist er bloß ein Kunde oder meinetwegen ein Stammgast, der Geld hat und es auszugeben versteht. Wir wissen, jedermann weiß, weshalb er kommt. Das heißt, wem zuliebe. Und was das Geld angeht, so haben wir den Verdacht, daß er zuviel hat und ausgibt. Mehr, als normal ist.«

»Schon wieder wir. Meine Finanzen können Sie überprüfen.«

»Ich sage wir, das heißt, das Geschäft. Deshalb haben wir Sie gerufen. Als einen alten Kunden, als einen Freund, wenn Sie erlauben, jemand mit guten Kontakten, den man fragen kann, was er von diesem Mann weiß und ob er sich uns nicht anvertrauen will. Es handelt sich darum, hier umlaufende Gerüchte womöglich zu bestätigen.«

»Von Gerüchten ist mir nichts bekannt. Für mich ist er ein Mann aus dem Norden, verliebt oder bis über die Hörner verknallt in meine Freundin Magda. Er kommt und zahlt, die Fliegen kommen und schmarotzen. Schließlich, habe ich sagen hören, wird er in Dollars ausgezahlt.«

Serna zeigte schweigend ein schönes, zwischen zwei Kinnbacken eingelassenes Gebiß; dann lachte er triumphierend auf:

»Genau. Dahin wollte ich Sie bringen«, sagte er.

Ich lachte aufrichtig, belustigt.

»Mich bringt niemand irgendwohin«, antwortete ich. »Und Sie weniger als sonstwer.«

»Verzeihen Sie, ich wollte Sie nicht beleidigen. Aber das ist genau der Punkt.«

Nun behielt Serna sein Lächeln während eines Schweigens bei, welches sich so lange hinzog, daß es schweigende Erwartung zu sein schien. Die Sekunden vergingen, bis sie mir recht gaben. Aggressiv wie das Fauchen einer gemarterten Katze drang eine mutmaßlich weibliche Stimme, verbraucht von Tausenden und Abertausenden übellauniger Kreischlaute, die vor langer Zeit einmal

Wörter gewesen waren, aus der Sprechanlage und nahm den Raum in Besitz. Die Stimme sagte:

»Schluß mit dem Gequatsche. Du, Serna, komm herüber und bring ihn mit.« Noch ein Aufkreischen des Apparats, und wieder trat Stille ein.

Serna sprach nicht, er saß da und sah mich an mit einem Ausdruck fast von Angst, von kaum noch Hoffnung. Ich lächelte ihm mitfühlend zu und beantwortete, was er dachte. Ich wollte weder grausam sein noch eine kleine Rache nehmen.

»So ist es. Auch ich habe Gerüchte gehört, nahm sie aber nie ernst. Also war die Chefin der Chef.«

Serna stand auf; er war ein auf frischer Tat ertapptes Kind.

»Nicht ganz. Ich habe meinen Anteil.«

»Das ist anzunehmen. Und jetzt bringen Sie mich ich weiß nicht wohin. Werden Sie mich auf dem Arm tragen?«

»Es ist kein Scherz. Gehen wir, wenn Sie wollen. Ich versichere Ihnen, daß sie ganz Dame ist, eine echte Dame.«

Die Tür, die ihre von der Zeit und mangelnder Pflege traurig gewordenen Bretter zeigte, stellte auf der Rückseite ein dickes Polster mit Lederimitation und großen goldenen, Nägelköpfe vortäuschenden Scheiben zur Schau. Ich tat einen Schritt, der mich von diesem Kitsch entfernte, aber Serna hielt mich zurück, sagte:

»Sehen Sie: capitonné.«

»Ja. Luxuriös.«

»Nicht wahr? Und so ist alles. Das ist das Vorzimmer.«

Wir standen in einem kleinen Raum, der wie das Büro eines erfolgreichen Geschäftsmannes möbliert war. Ein Schreibtisch, nierenförmig wie die Schwimmbäder der durch Schmuggel oder politische Vetternwirtschaft Reichgewordenen. Auf dem Schreibtisch eine große Kristallschale, verschandelt mit Plastikblumen in den Nationalfarben. Ein weißes Telefon, ein weißer Keramikbecher, aus dem Bleistifte, Kugelschreiber, bekritzelte Zettel herausstanden. Die Sprechanlage, klar. Pyramiden von Aktenordnern.

Von den Wänden aus wachten ein Herz Jesu, der Christus von Velázquez, und auf einem kleinen Altar blickte eine von fadendünnen, nie angezündeten Kerzen umstandene Muttergottes zur Decke. Neben dem Sessel am Nierenschreibtisch glaubte ich einen Zeitschriftenständer gesehen zu haben.

In der Wand dahinter war eine bogenförmige Öffnung mit granatroten Vorhängen als Türe. Als wäre er ein Kavalier, trat Serna vor, um die Stofflügel zu raffen und mich einzulassen.

Die Frau saß in einem Sessel im Hintergrund des verblüffenden Zimmers. Auch sie verblüffte. Sie wollte nicht aufstehen, obwohl sie mir später zeigte, daß sie es sehr wohl konnte, sich sogar gern stehend und in flatternder Bewegung zur Schau stellte. Sie war alt; mit einer hauchdünnen Andeutung, daß sie jung und schön gewesen war in einer Zeit, die nie stattgefunden hatte, weil ich noch nicht geboren war. Das Licht aus der Lampe fiel auf den Rock eines himmelblauen Kleides, das reich mit rosa Samtschleifchen verziert war. Jedes, von der verhüllten Kehle bis zu Brust und Bauch, schien mit einem winzigen falschen Diamanten befestigt zu sein.

Sie streckte eine geäderte Hand aus, doch begriff ich rechtzeitig, daß sie es nicht tat, damit ich sie drückte; also neigte ich mich ernst und anmutig, um sie mit meinen Lippen zu berühren.

»Der Journalist, Señora«, schwafelte Serna hinter meinem Rücken.

»Angenehm«, sagte die immer noch sitzende Frau und ließ kurz ihre gleichförmigen Zähne aufblitzen. Sie streckte den Kopf, die platinblonde Perücke vor, und im verräterischen Licht sah ich die beharrliche, geduldige Grausamkeit der Jahre.

Weil ich, unschlüssig, die Person wiederzuerkennen glaubte, die ich vor Jahrhunderten eines Nachts flüchtig in einem sehr teuren Luxusbordell gesehen hatte, das sie, noch kaum im reiferen Alter und sehr kokett, in der Stadt El Rosario führte. In dieser vagen, vielleicht trügerischen Erinnerung war ihr Name Madame Sappho, und die Schar ihrer Schützlinge war wie ein Hofstaat schöner Mirakel. So sehr, daß der Besucher sie nicht nach ihrer Jugend oder Schönheit aussuchte, sondern wahllos, wie an einem Spieltisch, auf ihre Frisuren, ihre scheinbar jugendliche Unbeholfenheit, auf die Farbe ihrer Kleider, ihre feinen Manieren oder das überzeugendste der verlogenen Lächeln setzte.

Der Madame Sappho, wenn sie es war, konnte ich niemals sagen, sage es ihr auch jetzt nicht, daß ihre Nase, die spitz wurde, um das Faltenfeld zu überragen, das schon damals ihr Gesicht fast völlig beherrschte, dieses Gesicht, aus dem, wie ich sah oder zu sehen glaubte, die Befriedigung über das florierende Geschäft und die durch nichts zu ersetzende Seelenruhe der gestillten Wollust strahlten, daß beide, Nase und Falten, die wachsenden Vorboten eines endgültigen Friedens waren. Wenn die tiefen Klammern, die den Mund rahmten, die Krähenfüße, die sich vom schon abhanden gekommenen Mutwillen lang und künstlich bewimperter Augenaufschläge bis zu den Schläfen erstreckten, und die unzähligen Runzeln, die auf Wangen, Stirn und Hals ein Netzwerk von Zeichnungen mit geheimer Bedeutung gebildet hatten, eines Nachts, bei einer Totenwache, alle auf einmal verschwänden, um für eine kurze Weile das glatte, bäuerliche Gesicht des Mädchens zu zeigen, das Generationen hindurch dem in nutzlosem Eifer geschminkten Antlitz der Madame Sappho vorausgegangen war. Eines unvorhersehbaren und baldigen Tages, an dem sie, bar aller Gier, eingelullt sein würde von Unwissenheit und Vergessen.

Von einem Fuß auf den andern tretend, während er sich die Hände rieb, bot Serna lächelnd dar:

»Hier, Señora, stelle ich Ihnen den Journalisten vor, den wir geholt haben.«

»Nicht geholt, Luisito. Wir haben ihn eingeladen; er ist unser Gast. Steh nicht da wie ein Ölgötze. Geh an die Hausapotheke und kümmere dich um die Arzneien.«

Gehorsam nickend stimmte Serna zu und begab sich zu dem, was sie die Hausapotheke nannten. Mich überkam eine kleine Rührung, denn das fragliche Ding war ein zweiter Schreibtisch, aufgestellt vor dem gelben Stoff eines Wandbehangs, abgesondert von dem Mischmasch an Möbeln, die das Zimmer füllten, darin Madame Sappho, nach Tuchfühlung mit tausend Wechselfällen, Niederlagen und zweifelhaften Triumphen, nun, vielleicht für ihr Jetzt und Immerdar, herrschte.

Der Hausapothekenschreibtisch erfüllte mich für Augenblicke mit Wehmut und tilgte Jahre. Denn obgleich nie in meinem Besitz, war er mein gewesen in einer täglich ferner werdenden Vergangenheit. Ich gierte nach ihm mit einer Dringlichkeit, kaum eine Spur geringer als die, mit der man eine Frau begehrt. Das erste Mal sah ich ihn im Haus eines Freundes, dann in einem Auktionshaus; ich hatte zwanzig Lenze und sehr wenig Geld.

Obwohl verschandelt durch mehrmaliges Lackieren, war dies mein Schreibtisch.

Er hatte seine gewölbte Rolltür und zahlreiche Schublädchen, die jetzt hinter zwei Reihen Flaschen und einer Frontlinie von Gläsern verschiedener Größe halb verborgen waren.

Schon das erste Mal, als ich einen diesem zwillingsbrudergleich verschwisterten Schreibtisch sah, fühlte ich mich eingeladen und nahm gleichzeitig eine gewisse Herausforderung wahr. Ich hatte vage die Vorstellung, an diesem Möbel zu sitzen und zu schreiben, abends oder an einem regnerischen Morgen, mit dem Lichtstrahl aus der Lampe, der mich im Zimmer isolierte und starr auf meine Seiten fiel. Ich, allein im ganzen Gebäude; der Fußboden staubig.

Nie wußte ich, was ich schrieb; möglicherweise den totalen Roman, der imstande war, alle je auf der Welt geschriebenen und von mir bewunderten Meisterwerke zu ersetzen. Jedes Schublädchen war mit einem kleinen Papierschild versehen, denn ich war als Romancier ein Sklave von Ordnung und Disziplin. Ein Schublädchen war da zum Sammeln kaum abgegriffener Adjektive. Auch verfügte ich über Nachschubrefugien für Adverbien, Substantive und die Föten ebenso neuer wie brillanter Sätze, die geduldig oder nervös darauf warteten, erwählt zu werden, um auf dem weißen Blatt zu triumphieren.

Mit dem Lächeln eines Barmanns, der es gewöhnt ist, Sorgen zu hören und Trost zu spenden, ging Serna, zwei Flaschen in der Hand, auf seine Herrin zu.

»Für mich nicht. Um diese Zeit nie. Höchstens einen Schuß Whisky mit Eis. Der Herr soll selber wählen.«

Ich sah Serna an und sagte kopfschüttelnd ja. Er kehrte an den Hausapothekenschreibtisch zurück, und ich lauschte dem Plätschern der in den Mixer gegossenen Getränke. Er unterbrach jedoch sein Geschäft, um, ein großes, nun ambrafarbenes Glas in der Hand, das außer dem Whisky das leise Klirren von Eisstückchen enthielt, vor die Herrin zu treten.

Die Stimme. Zwecklos der Versuch, sie herüberzuretten aus jener Nacht im Bordell von El Rosario, wo sie in Gelächter, Farben und Düften verlorengegangen war. Es fiel mir nicht schwer, sie mir geschmeidig, fröhlich, ohne Aufdringlichkeit einschmeichelnd vorzustellen.

Diese letzte, nun endgültige Altstimme war entstellt von den männlichen Baßtönen, die ihr die Wechseljahre hinterlassen hatten.

Doch war sie gebieterisch; gewohnt, zu befehlen und weder Befehle noch Unverschämtheiten wiederholen zu müssen.

Als sie den Kopf senkte, um ein Schlückchen aus dem hohen Glas zu trinken, fiel das Licht auf ihre eine Gesichtshälfte, und ich konnte sehen, was ich hätte vermuten sollen: die Narben von der Operation, mit der man versucht hatte, ihr Frische, augentäuschende Jugend zurückzugeben.

Noch ein Schlückchen, dann kehrte das Gesicht in den Halbschatten zurück und gab die halb geröchelten Worte von sich:

»Luisito. Du erklärst dem Herrn jetzt den Grund. Ohne Fußangeln. Ich korrigiere dich notfalls. Aber setz dich doch, Mann.«

Der Don Luis, den bestens zubereiteten Martini in der

Hand, sah um sich und erwählte einen Puff, der unter seinem Gewicht aufseufzte. Ehe er sprach, dachte ich – und es war ein Blitz –, daß, wenn die Beziehungen zwischen beiden mehr als geschäftliche waren – wenngleich immer, auch im hypothetischen Bett, Herrin und Knecht –, der Don Luis, dachte ich, ein prachtvoller Beschäler sein mußte.

»Gut«, begann der Mann, »wir wollten Ihnen ein paar Fragen stellen, sozusagen vertraulich . . .«

»Ich wollte und will es«, präzisierte die Frau. »Sprich weiter, denn die Geschichte ist lang.«

Luisito schluckte seinen Trank; er war taktvoll genug, ihr nicht eine Olive an den Kopf zu werfen.

»Ich spreche weiter, Señora, aber lassen Sie mich sprechen. Wenn ich mich irre, sagen Sie es.«

»Klar«, sagte Madame. Und benetzte abermals die Lippen, das skandalöse Rouge.

Es war eine kleine Rebellion des Dieners gewesen; ich vermutete noch eine andere, intensivere, mehr unterschwellige.

Aber Don Luis behielt sein liebevolles Lächeln bei.

»Die Señora wünscht mit Ihnen zu sprechen. Und zwar wegen des Kunden, der sich Kommandant nennen läßt oder ließ. Ich sage ließ, denn für mich, für das Haus ist er verschwunden.«

»Einmal habe ich ihn in Uniform gesehen. Kommandant.«

»Die kann man auch ausleihen. Aber wichtig ist, daß er

in seinem Land tatsächlich Kommandant ist. Hier ist er Militärattaché. Ich hatte gewisse Zweifel, mehr aus Antipathie, obwohl er für das Geschäft gut war. Aber gestern haben wir die Wahrheit erfahren. War es nicht so?« fragte er gehorsam.

»Richtig. Aber ich habe sofort gerochen, daß da etwas nicht stimmte.«

»Pardon. Jetzt kommt es. Er wird in Dollars ausgezahlt, sagten alle die Schnapsbrüder, die jede Nacht einfielen, nicht seinetwegen, auch nicht wegen der Magda, sondern um die Flasche Whisky anzubeten und zu schlukken, was sie konnten.«

»Mein Geschäft war das nie, auf Kosten anderer zu leben. Ich verdiene mein Geld und bezahle. Aber ich weiß nicht, ob Sie das verstehen.«

»Ruhe«, sagte die geflickte Alte und streckte die Arme aus, um die Sätze zu verscheuchen. »Wir sind unter Freunden. Oder nicht?«

»Ich habe nicht provoziert, Señora. Ich habe erzählt«, sagte Luisito.

»Ich wollte nur nicht mit den Schnapsbrüdern in einen Topf geworfen werden. Sprechen Sie weiter, wenn Sie wollen«, sagte ich. Und sah auf meine Armbanduhr, weil ich mich danach sehnte, mich in meinem einsamen Bett auszuruhen. Ein lautes, fröhliches Geschrei drang aus dem Saal zu uns herüber.

»Die Conga. Gleich werden sie gehen«, sagte Madame Sappho. »Hast du die Rechungen nachgesehen?«

»Alles tipptopp kontrolliert« – er beugte sich vor, um zu lauschen, und bestätigte: »Es scheint so. Sie gehen. Wenn es keine Reklamationen gibt, haben wir Ruhe. Aber die Zeit vergeht, Sie schauen auf die Uhr, und das beste ist, wir kommen zur Sache. Es handelt sich nicht um ein Verhör in der Calle Moreno mit elektrischen Steckern und schmutzigem Wasser. Wir fragen Sie in aller Freundschaft: Was wissen Sie vom Kommandanten?«

»Ich verstehe nicht«, sagte ich, meinen Widerwillen zeigend. »Bis wohin?«

»Was Sie wissen, sonst nichts.«

»Sehr einfach und sehr wenig. Wir wissen alle, daß er nach Magda verrückt war.«

»Das hilft uns nicht weiter. Das ist anderen auch passiert. Wir wüßten gern Persönlicheres.«

»Das ist das Persönlichste, was einem Christenmenschen geschehen kann. Davon abgesehen, kann ich Ihnen sagen, daß er ein großzügiger Mann war, daß er zum Glück wenig sprach und sich nie aufspielte, nicht einmal, wenn er in seiner Uniform kam, und daß, wenn er einen Scherz, einen Witz machte, das immer sehr geistreich war und die Kretins lachten, um ihm zu schmeicheln, obwohl sie die Pointe nicht wirklich oder nicht ganz verstanden. Außerdem, müssen Sie wissen, war da ein ständiges Gespräch mit Magda, über den Tisch hinweg, der sie trennte, Gespräche mit Worten, die nichts mit ihnen beiden zu tun hatten, Lächeln wie Sätze, die sie beide verstanden und sonst niemand.«

»Sehr hübsch«, billigte mir Luisito zu. »Aber später, im Liebesnest. Denn Sie wollen doch nicht behaupten ...«

»Natürlich nicht. Im Liebesnest, wie Sie es nennen, war Ihre Frau Großmutter und reichte ihnen Handtücher. Fragen Sie sie.«

Ich gebe zu, daß sich Luisito in diesem Augenblick wie ein Kavalier benahm. Er sagte nicht *eine* Zweideutigkeit mit eindeutiger Bestimmung. Er beschimpfte mich nicht, er zerschnitt mir nicht das Gesicht mit seinem Glas Martini ohne Olive und Kirsche, er schlug mich nicht. Er reagierte lediglich mit Worten:

»Darüber reden wir auf der Straße weiter. Mit Rücksicht auf die Señora.«

Das Gesicht, das wieder in seiner Muschel aus Halbschatten ruhte, hob zu seinem tiefen und rauhen, aus feuchter Grotte entsprungenen Ton an und setzte ihn durch.

»Vielleicht entgeht mir etwas. Schon früher ist mir manches entgangen, aber nie ganz. Aber Sie haben die Wahl: Entweder Sie benehmen sich oder Sie verlassen diesen Raum auf der Stelle.«

»Madame«, sagte ich, und das Wort schien ihr wie eine süßsaure Überraschung zu munden, »Sie haben mich rufen lassen, ich kam in der Hoffnung, Sie zu sehen. Das ging in Erfüllung. Jetzt können Sie mich hinauswerfen. Ohne Groll meinerseits. Wenn ich mich schlecht benommen habe, dann nur, weil ich Vulgarität nicht ausstehen kann. Es ging um den Kommandanten. Von Magda zu schweigen.«

»Ich versteh dich, Lieber. Und außerdem mag ich das. Also reden wir weiter. Wir Frauen sollten sakrosankt sein. Wenigstens immer respektiert werden.«

Während ich nickte, dachte ich an die blauen Flecken, die der Gorilla an manchen Abenden höflich und höhnisch austeilte.

»Konkrete Fragen, und ich verspreche sie zu beantworten«, sagte ich und sah ihn an. Don Luisito hörte für eine Weile auf zu existieren, vorhanden zu sein.

Nie fand ich heraus, ob die derzeitige Greisin, dieses traurige, den unvermeidlichen Verfall ankündigende Exemplar des menschlichen Lebewesens, die vielleicht falsche Madame, die ich eines Nachts in El Rosario flüchtig gesehen hatte, war oder nicht war.

Mit Gebärden und Worten wie der Aufsichtsratvorsitzende einer pleite gegangenen Bank stellte sie das Glas auf eine Konsole und sagte:

»Um das klarzustellen: Wenn wir Sie belästigen, dann tun wir das, weil ich belästigt worden bin. Und wer weiß, mit welchen Gefahren. Es handelt sich nicht um Drohungen, aber wahr ist, sagen Sie es nicht weiter, daß wir in der schönsten Stadt der Welt leben, und ich habe mehr Städte gesehen, als ich auseinanderhalten kann.«

Sie schwieg, um Atem zu holen, und schwenkte die Hand, die mehr Juwelen als Finger zeigte, auf der Suche nach dem verlorenen Glas. Dienstbeflissen stand Don Luisito von den Toten auf, um einen neuen verwässerten Whisky zu kredenzen.

»Junge«, sagte sie, als sie ihn entgegennahm, und ein Lächeln stellte sich ein, ganz Güte und Laß-uns-Lappalien-vergessen.

Das mimische Angebot des Namenlosen beantwortete ich mit Schütteln des Kopfes und konsultierte ostentativ die Uhr. Beim Zurückziehen der Jacken- und Hemdärmel war ich so sehr Clown, daß sie bereit waren, davon Notiz zu nehmen.

»Es ist spät«, deutete der mir unsichtbare Don Luisito an.

»Um welche Zeit schließt Ihre Zeitung?« gurgelte gorgonisch meine mutmaßliche Madame Sappho.

»Machen Sie sich keine Gedanken um meine Zeitung. Sie rufen sie wahrscheinlich schon auf der Straße aus. Mit allem Respekt, Madame, machen Sie sich Gedanken um mich. Ein sehr angenehmer Abend, ein wenig lang, aber ich weiß noch immer nicht, warum Sie mir die Ehre gegeben haben, mich einzuladen.«

Madame Señora schluckte entschlossen und sagte fast drohend:

»Wir veröffentlichen Kleinanzeigen in Ihrer und anderen Zeitungen. Nur ein paar Zentimeter, denn dieses Geschäft ist arm, auch wenn es nicht danach aussieht. Anzeigen, einzig und allein zu dem Zweck, daß wir nicht vergessen und nicht belästigt werden. Sie sind in diesen Dingen bewandert, andernorts hat es Präzedenzfälle gegeben.

Schmutzige Affairen und Verleumdungen, und irgend jemand zahlte und stand dahinter.«

»Ich erinnere mich dunkel. Aber die Anzeigen sind Sache einer anderen Abteilung. Damit zahlt mir die Zeitung mein Gehalt. Und einen Teil davon, einen sehr geringen, gebe ich hier aus. Aber Sie wollten etwas sagen.«

»Und ich sage«, sie trank den fast durchsichtigen Whisky und zerkaute und lutschte Eisstückchen, während sie redete. »Ich sage noch einmal: Der Kommandant ist schuld daran, daß ich verhört werde. Wie hoch schätzen Sie sein Gehalt? Sie wissen es nicht, klar, aber wir wissen es seit gestern. Und ich kann Ihnen sagen: Alles, was er bekommt, gibt er für Magda und dieses Haus aus. Noch dazu – und verzeihen Sie, daß ich es Ihnen sage, falls Sie es nicht wußten – wirft er Dollars zum Fenster hinaus für die Miete eines Apartments im teuersten Viertel, und alle Möbel aus einem Einrichtungshaus in Finnland oder da herum. Rechnen Sie zusammen und sagen Sie selber.«

»Davon weiß ich nichts«, log ich, »und es geht mich nichts an.«

»Gut, jetzt wissen Sie es oder wissen einiges. Dieser Mann lebt nicht von seinem Gehalt, auch wenn die Schleimer, die kommen oder gekommen sind, um seinen Piß zu bejubeln, wie ein Freund, den ich hatte, ein Galicier, zu sagen pflegte, in einem fort wiederholen, daß er in Dollars ausgezahlt wird.«

»Ich verstehe, Señora. Ich hatte sogar mal eine französische Freundin, die sagte: Soll doch jeder sein Arschloch als Flöte benützen.«

»Das kenn ich, dieses Sprichwort, und finde es gut. Fand es immer. Aber es hat seine Grenzen. Daß der Kommandant mehr hat, viel mehr, als seine Armee ihm bezahlt, sein Land ...«

»Sein Vaterland«, bekräftigte Don Luisito.

»Sagen Sie mir, woher er das Geld hat? Denn ich, das sage ich Ihnen jetzt, wurde verhört auf Anweisung von oben, von ganz oben«, sagte die Frau mit übertriebener Betonung.

»So ist es«, bestätigte Don Luisito abermals. »Auch ich wurde verhört.«

Die Madame Sappho spuckte beinahe geräuschlos ein letztes Eisstück aus und sagte verächtlich:

»Dir haben sie bloß Fragen gestellt, die jede der kleinen Huren im Saal hätte beantworten können, falls sie nicht gerade auf einem Tisch in der Loge die Beine breit machte. Aber mich haben sie verhört, und sie können jeden Moment wiederkommen. Sie sind freundlich, das kann ich nicht anders sagen, aber sie wollen, daß ich ihnen Sachen sage, die ich unmöglich wissen kann.«

»Mir geht es wie Ihnen, ich weiß nichts. Ich habe diesen Mann, den Kommandanten, nur hier im Saal gesehen.«

»Na, schön, aber Magda wird Ihnen doch einiges gesagt haben.«

»Das ist nicht das Thema, Señora.«

»Aber irgend etwas werden Sie doch vermutet haben, nehme ich an.«

Leicht wütend, den Namen der Frau zu hören, die mich gefangenhielt, in die ich blödsinnig verliebt war, wollte ich Holz ins unbegreifliche Feuer werfen:

»Was Vermutungen angeht, ich vermute Drogen, Waffenschmuggel, gut bezahlte Spionage. Verzeihung, aber ich muß jetzt gehen.«

Ich verschmähte die Geleitdienste des Don Luisito und stand bald vor den Büschen und blauen Flecken der Malven und atmete die reine Luft eines neuen Morgens Anfang September.

Es gab keine Magda, keinen Kommandanten mehr, aber ich ging häufig nach *Eldorado*. Ohne echte Hoffnung warf ich einen Blick auf die Tanzfläche und setzte mich auf einen Hocker an der Bar.

Weder Madame Sappho noch Don Luis belästigten mich ein weiteres Mal. Vielleicht hatten sie keine Fragen mehr, auf die sie keine Antwort wußten. Vielleicht war der Kommandant von jeder Schuld freigesprochen worden oder lag tot und vermodert an einem schattigen Platz in einem nördlichen Urwald. Über Magda stellte ich keine Vermutungen an, aus Angst, aus Aberglauben, aus einem undefinierbaren, absurden Wunsch, sie zu beschützen. An sie zu denken war von Übel.

So vergingen Wochen oder Monate. In den Spiegeln sah ich die grausamen und monotonen Tage verstreichen, die mich mit blöder Schnelligkeit altern ließen.

Mich, der ich mit meinem Verfall zahlen mußte für die Erinnerung an eine glückliche nächtliche Überraschung.

Manchmal bestellte ich das unvermeidliche Viertel Champagner, das mich ermächtigte, mir ein Mädchen auszusuchen und mit ihr in die Loge hinaufzugehen.

Und es war toujours la même chanson: Nenn mich nicht Kleine, denn Kleine nennen mich alle, und du bist anders. Ich hab eine kleine Tochter, ich hab sie auf dem Land untergebracht, was hätte ich machen sollen? Nenn mich Tierchen, den Namen hat mir einer gegeben, und ich mag ihn. Wenn du ein guter Mensch bist, und ich weiß, du bist einer, und auch gebildet, dann schreib mir einen Mutterbrief an meine Tochter, damit ich weiß, daß sie gesund ist, und sie nie erfährt, was ich für sie tue.

Mehr oder weniger so, jedes Mal. Und danach der Ekel und ein Jammer, gegen den kein Kraut gewachsen war. Und sooft ich mich vor dem unvermeidlichen Spiegel rasierte, jeden Morgen oder Mittag, waren meine Augenringe größer und meine Wangen eingefallener.

Ich erinnere mich, daß ich manches Mal, mittags oder nachmittags, langsam den Häuserblock in der Calle Santa Fe entlangging, wo Magda vielleicht noch wohnte. Und vielleicht käme es zu einer Begegnung, einem Aufeinanderprallen, einem heiteren Erstauntsein. Inzwischen ging ich, gehörnt, die Straße hinunter, ohne mir erotische Szenen auszudenken. Ich litt, wenn ich an die unvermeidliche Intimität des Paares dachte. Er, Zeitung lesend im Bett oder auf einem der ungastlichen Sessel, und sie, törichte Fragen stellend. Das Leben, das nie gekannte Glück.

Ich weiß nicht, wie viele Tage ich diese Wanderungen nach dem Mittagessen, zwischen zwei und vier, wiederholte, bis ich aufgab und anfing, die harte Arbeit des Vergessens zu leisten.

Nicht alle meine Schritte waren Liebesschritte. Man hatte mir angeboten, in Lavanda eine noch nicht geborene Zeitung zu organisieren, und das Gehalt schien mir überzeugend. Ich käute das Ja und das Nein, liebkoste die Abwesenheit, den Tod der kleinen und dummen Hoffnung. Außerdem bot mir Lavanda Rouletts an, zwei in der Stadt, den Reichtum auf Lebenszeit in einer einzigen glückbringenden Nacht, in der mich mein Trick von seiner Unfehlbarkeit überzeugen würde. Hier stundenlang nach Mar del Plata zu zuckeln, bis, trügerisch, der Frühling kommt, ist eine Winterreise; heißt, mein Unglück in den dunklen, vielleicht feuchten Etappen mit mir herumschleppen. Und wie viele Nächte ankerte ich im *No name* in der Hoffnung, Magda auf einem der hohen Barhocker sitzen zu sehen; ob der Kommandant da wäre oder nicht. Ein grüßend gehobenes Glas, ein Lächeln hätten mir genügt.

Wie viele Nächte setzte ich mich an einen Tisch im Cabaret, wimmelte die Frauen ab, trank still in einem Winkel und hoffte in phantastischer Unschuld, der frühe Morgen werde mir von draußen aus der trüben Helle

Magda in die ewige Nacht des Saales hereinprojizieren, in seinen Rauch, sein Geräusch, seine parfümierten Gerüche, seine leicht nach Alkohol riechende Luft. Immer vergebens, bis irgend jemand, ich weiß noch, es war an einem Samstag mit zu vielen Kunden, sagte: »Der Witwer.«

Ohne Empörung und Magdas Tod akzeptierend, hörte ich für immer auf, sie nicht zu treffen. Diese Verfolgung im Nichts war schon eine Alltagsbeschäftigung geworden.

III

Darin Magda
abgeschoben wird

Mein Name ist Pastor de la Peña, Herr Kommissar. Ich bin vierunddreißig Jahre alt, ledig und in Buenos Aires geboren. Von Beruf Buchhalter. Meine Adresse haben Sie bereits, wenn auch nur, um mich zu belästigen. Ich wiederhole noch einmal, was ich schon so oft erklärt habe. Die ganze Wahrheit zu sagen ist unmöglich. Nicht, weil man etwas verheimlichen möchte, sondern weil auch die Erinnerung in die Atmosphäre des Traums absinkt. Und um so tiefer, je mehr Zeit vergeht. Außerdem, wann genau setzt die Erinnerung ein, die so launisch und jedem Gehorsam abgeneigt ist? Vor knapp einem Monat habe ich die ganze Wahrheit gesagt, soweit sie mir bekannt war. Seitdem sind mir schmutzige Subjekte gefolgt, vom Haus zur Arbeit und umgekehrt. Sie lassen nicht ab. Ich erkenne sie unter anständigen Menschen auf meinen Nachtspaziergängen, die immer keusch sind, weil ich niemand besudeln will. Sogar auf Sportplätzen und in Kinosälen mußte ich sie entdecken. Unschwer, weil sie plump sind und man ihnen ansieht, daß sie sich an einem anständigen Ort nicht wohlfühlen. Dieses Nachgehen ist lästig und sinnlos, weil ich an Flucht nicht denke und auch keinen Grund dazu habe.

Ich hatte in der Buchhaltung der Gefrierfleischanstalt die Bilanz abgeschlossen und fühlte mich leicht und zufrieden. Es war gegen Ende des einen und Beginn eines anderen Tages. In einer Hochstimmung, die sich Stunden später als Irrtum, dem Ort wie den Umständen so sehr unangemessen erwies, kam mir der Gedanke, in die Bar zu gehen und alle Gäste auf ein Glas einzuladen. Ich freute mich meiner Erleichterung, ich wollte Zahlen vergessen.

Ich fand aber, daß sich eine Frau, dunkel gekleidet, auf meinen gelben Hocker gesetzt hatte. Außer den vier Tischen, die fast immer von Paaren besetzt waren, gab es im *No name* vier Hocker an der Theke, hinter der der schwarze Simons lächelt, sich Torheiten oder Kümmernisse anhört, während er den Mixer schüttelt oder in einem großen Glas verschiedenfarbige Flüssigkeiten mit einem Plastiklöffel umrührt.

Kollektiver Aberglauben – dreizehn, siebzehn, offener Regenschirm unterm Dach etc. – hat mich nie interessiert; aber dem eigenen, dem, den nur ich kenne, bleibe ich treu. Wenn ich diese absurden Glaubensvorschriften einhalte, fühle ich, daß ich Verbindung zum Schicksal aufnehme, ihm Respekt erweise. Und eine davon war, mein letztes Glas im *No name* auf dem gelben Hocker zu trinken. Die anderen drei sind rot.

Ich hatte Mutter schon angerufen, um ihr eine gute Nacht zu wünschen und ihr zu sagen, daß ich spät kommen würde. So oder so las sie um diese Zeit; der Schlaflosigkeit schon verschwistert, wußte sie, daß sie bis zum Morgen wachliegen würde.

Ich ging hinein durch den Rauch, das Gläserklirren, das eine oder andere kurze Lachen. Ich setzte mich auf einen roten Hocker, deutlich getrennt von der Frau und meinem, dem gelben. Zwischen uns stand ein anderer roter. Herzlich und unerschütterlich, in seinem weißen Jackett mit schwarzer Fliege, mischte Simons Cocktails zusammen und nahm, zustimmend mit seinem lauteren Lächeln, die Klagen der Frau entgegen, die mir, ohne es zu wissen, den Hocker weggenommen hatte. Sie war nicht betrunken, schien aber beharrlich diesen Zustand der Verblödung und Befreiung anzustreben. Der Abstand war gering, verhinderte aber doch, daß ich die Sätze, die Worte, die die sehr heisere Stimme der Frau zu dem Lächeln des Negers hinaufschickte, das Freundschaft und vorgetäuschte Zustimmung spendete, miteinander verbinden und ihnen einen Sinn verleihen konnte. Die Frau sprach in langen, unverständlichen Monologen fast immer für sich; sie stellte Fragen und gab sich die Antworten. Ab und zu hob sie den Kopf, um einen rhetorischen Satz an Simons zu richten. Simons gab ihr mit einem einzigen Wort recht, und sobald er einen – für mich geheimen – Befehl erhielt, stellte er ihr ein neues Glas hin. Sie tat, als hätte sie es nicht bemerkt, und murmelte eine ganze Weile Klagen, ehe sie den ersten neuen Schluck tat.

Plötzlich wandte sie den Kopf und entdeckte mich. »Hallo, Sie«, sagte sie und versuchte zu lächeln, begann aber schon zu grimassieren. Das Gesicht einer betrunkenen Frau hat immer etwas Unangenehmes und Trauriges. Nicht, daß es sich vermännlicht, sondern es entzieht sich dem Weiblichen und liegt immer weiter jenseits jeder sexuellen Übertragung und bekommt etwas Lehmiges, das abstoßend und kalt wirkt.

Sie war, für meinen Geschmack, gut gekleidet, und die Schuhe, die immer ein Indiz sind, wenn jemand ein höheres soziales Niveau usurpieren will, waren aus Wildleder und sehr teuer. Aber ich bin sicher, daß Mutter, selbst wenn sie sie nüchtern gesehen hätte, sie als Nutte bezeichnet hätte. Und sie täuscht sich nie.

Die Frau, jetzt an mich gewandt, sagte heiser: »Der Sims gibt mir immerzu recht, als ob ich verrückt wäre, als ob ich ein Kind wäre. Ich nehme Sie zum Zeugen.« Ich war schlau: ich sagte, daß ich auf dem rechten Ohr schon leicht taub sei und daß ich ihr Problem gern vollständig hören würde. Ob wir nicht die Plätze tauschen wollten.

Zuerst sah sie mich mit einem halben Lächeln an, als hätte ich einen Witz gemacht. Dann nahm sie die Handtasche und das Päckchen Zigaretten und stieg vom Hocker. Ich dankte ihr und nahm rasch auf meinem gelben Hocker Platz, der mir für den Rest der Nacht Glück bringen würde. Sie setzte sich auf den roten, auf dem ich gesessen hatte. Und dann sprachen wir, oder besser, da begann der Monolog, den ich, wie Sie verstehen werden, unmöglich wortgetreu wiederholen kann, aber ich schwöre, daß ich tun werde, was ich kann, um ihn zusammenhängend wiederzugeben.

»Ich wußte ja, daß das Glück nicht von Dauer ist, aber ich wußte es hier« – sie schlug sich an die Stirn – »und nicht mit dem Herzen, das immer täuscht oder sich täuschen läßt. Denn er hat mich aus dem schlimmen Leben herausgeholt, und ich sah das neue Leben für ewig an, so verblödet war ich, daß ich wie ein Kind war. Ich arme Idiotin. Aber glauben Sie ja nicht. Eine Frau täuscht sich in diesen Dingen nie. Ich führte mich anfangs nicht sehr gut auf. Ich erwähnte schon mein schlimmes Leben, denn ich arbeitete in einem Cabaret, und eines Nachts kam er herein, und mich sehen und sich an den Tisch setzen, wo ich Nacht für Nacht auf Kunden wartete, war eins. Und setzte sich und bestellte eine ganze, noch unangebrochene Flasche Whisky. Echten Whisky. Und sie gingen darauf ein, obwohl er keine Uniform trug und niemand wußte, ob er diesen Wahnsinn würde bezahlen können; aber er hatte und hat, und wenn ich eines Tages gehe, bitte ich Gott, daß er auch künftig hat, und für viele Jahre. Er, das sage ich Ihnen, stellte etwas vor, ihm sah man es an, daß er seiner Sache sicher war und befehlen konnte, ohne herumschreien zu müssen. Befehlen durch seine bloße Anwesenheit. Zuerst kam er mir sehr dunkelhäutig vor, ich hielt ihn sogar für einen Mulatten. Aber nur sein Gesicht war braun von der Luft und der Sonne in seiner Heimat, die anscheinend so hoch liegt, daß man kaum mehr atmen kann. In Wirklichkeit war er weißer als ich. Er machte die Flasche auf und schenkte mir ein, er fragte mich, ob ich Eis oder Wasser oder Soda wollte. Mir war alles recht, aber mich beunruhigte das Gefühl, daß dieser ruhige, zwei Meter große Mann, der nie lachte, aber immer aussah, als ob er über etwas oder alles spottete, ein Mann von wenig Worten, es beunruhigte mich, dazusitzen und ihn scheinheilig anzulächeln, obwohl ich wußte, daß dieser Mann ein Geheimnis hatte.

Wie ich Ihnen sagte, ich spielte die Verwöhnte, die Schwierige, und er, lachend ohne zu lachen, immer geduldig und spendabel.

Nie hätte ich gedacht, daß diese Komödie der Anfang zweier glückseliger Jahre sein würde. Zwei Jahre, sagte ich mir, die nach dem Willen Gottes heute nacht enden müssen. Denn ich weiß, daß er mir verzeihen wird« – sie wühlte in ihrem Halsausschnitt und zog ein goldenes Kreuz heraus, das sie zwischen den schweren Brüsten trug. Auch ich hatte mein Geheimzeichen für Sims: ich machte es, und er stellte uns neue Gläser hin.

»Denn ich glaube nur an die leidenschaftliche Liebe. Alles andere sind bloß Gelüste, Versuche, sich in einem Bett zu begegnen, oder ein gutes Heiratsgeschäft. Mehr von seiten der Frauen, und ich bin selber Frau und gebe es zu. Aber gleich fingen die Freundinnen an, mir dreinzureden, und auch die Fliegen, Typen, die ich nur vom Sehen kannte, die aber auftraten, als wären sie alte Freunde, um gratis saufen zu können. Ich fand das ordinär und sagte es auch, aber alle sagten dasselbe: ich sollte mir keine Gedanken machen und es ginge mich auch nichts an, schließlich zahle er. Kommandant, erfuhr ich, und er kassiere in Dollars. Das Gehalt, meine ich, das seine Botschaft ihm zahlt. Und auch das muß ich sagen, obwohl es eine Schande ist, daß nur zwei aus Sympathie und nicht zum Mittrinken jede Nacht zu uns kamen: einer, der für eine Zeitung schrieb, und der andere, Don Cayetano, der ein alter Schwuler, aber ein guter Mensch war. Und warum soll ich lügen, wenn Sie vielleicht der letzte Mensch auf der Welt sind, mit dem ich spreche. Eines Nachts, als wir allein am Tisch saßen, der Kommandant und ich, noch bevor das Geschmeiß kam, war ich es, die ihn aufforderte, in die Logen hinaufzugehen. Er bestellte eine Viertelliterflasche, und wir gingen. In den Logen, müssen Sie wissen, steht weder ein Bett noch ein Sofa, nur ein Tisch, und jeder muß zusehen, wie er zurechtkommt, und so geschah es. Ich schwöre Ihnen, daß ich nie einen Mann wie diesen gekannt habe, und von da an, ohne es zu merken, fing ich an, halb verrückt zu werden, fing ich zu meinem Glück oder Unglück an, ihn zu lieben. Trinken wir noch eins?«

»Das vorletzte«, lachte Sims.

»Das letzte«, sagte ich. Die Frau sagte nichts, nahm aber befriedigt an, was ihr vorgesetzt wurde.

Ich machte mir kaum die Lippen naß an meinem Lieblingswhisky – Sims kannte ihn –, weil ich noch bis Olivos fahren mußte, wo ich, wie gesagt, zu Hause bin. An dieser Stelle, Herr Kommissar, ist es meine Pflicht zu erklären, daß ich, so wie die Dinge standen, der Person schon reichlich überdrüssig war, die, ohne mich anzusehen, eine Geschichte vor sich hin maunzte, die mir schwer verständlich war und überdies Passagen enthielt, die man besser überhörte. So daß ich zu Sims die Geste des Unterschreibens machte, und er fragte: »Alles?« und ich sagte ja. Es ging darum, einen Schlußstrich zu ziehen, und am Monatsende sehe ich die Belege durch und bezahle die Rechnung, immer kleine Beträge, außer wenn ich einen Freund oder einen künftigen Kunden einlade.

Aber anscheinend war sie schon in einem Zustand, daß sie nichts mehr wahrnahm, und so stammelte sie weiter: ». . . daß wir heiraten, um zwei Jahre der Glückseligkeit zu leben. Wir glaubten nicht an Papiere, aber wir waren mehr verheiratet als jedes Ehepaar. Nie gab es ein ungutes Wort, ich war mir so sicher, daß es für immer war, und ich erzähle keine Intimitäten, denn meine schönste Erinnerung war ein Sonntagmorgen. Er, in Hemdsärmeln, las die Sonntagsbeilagen der Zeitungen; als Soldat war er immer früh auf, das Weckblasen, pflegte er zu sagen; und ich machte das Frühstück und kam ins Wohnzimmer und betrachtete voller Zärtlichkeit seinen Rücken, seinen dunklen Kopf. Ich seh mich noch stehen, hinter ihm und ohne daß er es merkte. Sonderbar, wenn ich nachdenke, sehe ich, einen über dem andern, lauter Sonntagmorgen, fast ohne Lärm auf der Straße, und er mit seiner Zigarre, seinen Aperitif trinkend, die großen Zeitungsseiten umblätternd. Immer schon gebadet und rasiert. Und so, bis das Unglück über mich kam, das ich heute nacht beenden werde. Wollen wir nicht du sagen, was meinst du?«

Und ich antwortete mit einer Gegenfrage, wie es angeblich die Galicier machen: Wollen wir nicht gehen, was meinst du? Aber ich war schon in die Falle gegangen, ich hatte das Dusagen akzeptiert.

Auf das Du einzugehen wurde mir zum Verhängnis, wie Sie sehen werden.

Wir standen draußen in der Kälte einer Nacht, deren Ende sich andeutete. Erst da, auf dem Gehsteig, fiel mir der Pelzmantel auf, den sie, die Hände am Hals, um die Schultern hatte und der mir vorkam, als hätte er sehr viel Geld gekostet. Da kam mir allmählich, ganz langsam, der Gedanke, daß ich mich geirrt haben könnte, daß sie nicht irgendwer war.

Die Frau lachte zur Eröffnung ein kurzes, nicht überzeugendes Lachen und fragte niemand, fragte die für einen September so kalte Nacht:

»Ob ein Taxi kommt?«

Jetzt, im bleichen Licht, das noch aus Laternen auf uns fiel, fand ich, daß ihr ernstes, ruhiges Gesicht sie jünger erscheinen ließ, und es kostete mich keine Mühe, mir vorzustellen, daß sie das schwarze Schaf einer gutbürgerlichen Familie war.

Ich bin und bleibe Junggeselle und kann mir gewisse Freiheiten erlauben; aber ich hatte keinerlei Hintergedanken, als ich zu ihr sagte:

»Wozu ein Taxi? Einen Block weiter hab ich mein Auto. Wenn dir das Gehen nicht zuviel ist.«

»Ich fühl mich gut. Ich kann; gib mir den Arm.«

»Aber mach dir keine Illusionen. Ein Cadillac ist es

nicht. Ein Zweitürer, aber der Motor ist gut. Sag mir, wo du wohnst.«

»Ganz in der Nähe, Santa Fe tausend. Aber ich bitte dich, tu mir den Gefallen und fahr langsam, denn ich muß dir noch mehr erzählen. Denk dran, daß du der letzte Mensch bist, und einem muß ich es sagen, ehe ich gehe. Aber, wer weiß, vielleicht will ich nur ein letztes Mal mich selber hören. Denn ich habe es schon den Spiegeln erzählt, und selbst den Wänden.«

Sie lachte wieder ihr kurzes Lachen und beugte sich herüber, um mich auf die Wange zu küssen, ohne besonderen Druck oder Verfänglichkeit. Dann legte sie den Kopf zwischen die Knie, ganz so, als ob sie sich beriechen wollte. Verzeihen Sie, aber so war es oder kam es mir vor, und so blieb sie fast die ganze, ihr zuliebe sehr langsame Fahrt über. Plötzlich verwandelte mich ihre unterirdische Stimme in einen zweiten Spiegel oder eine fünfte Wand.

»Denn er ist noch genauso in mich verliebt, wie ich in ihn. Aber da kam die Polizei seiner Botschaft und griff ein, um ein Glück kaputtzumachen, das sie nichts anging und das niemanden störte. Es half aber nichts, ein Soldat führt Befehle aus, obwohl er seinem Land gute Dienste geleistet hat, weil er Kommunisten umbrachte, die darauf aus waren, das Land der Grundbesitzer für sich zu behalten. Sie nennen sich Guerrilleros, sind aber eine Bande von Mördern und Räubern. Und weil er die Ordnung und die Religion verteidigt hat, wird er mir jetzt auf einen ganz hohen Posten befördert, und das zwischen uns, hat er mir erklärt, muß aus sein, und er muß mit seiner Frau leben, einer Früheren. Befehl ist Befehl, sagt er; und er sagt, daß er als Soldat alles tun muß, was sie ihm befehlen, weil er Amnestie hat, wie sie das nennen. Also muß er jetzt mit seiner Frau hier leben, und ich sage, wo keine Liebe ist, da ist die Ehe nichts wert. Sie, ihr Gesicht, hab ich auf einem Paßfoto gesehen, und sie ist nichts als eine dicke Mulattin. Aber sie hat Millionen Quadratmeilen Land, und jetzt reist sie, genau heute, mit dem Herrn Präsidenten, um die Häuser, die alle ihr gehören, zu liquidieren, aufzulassen. Häuser und Grundstücke.«

Ich habe nicht verstanden, ob der Präsident in ihrer Begleitung unserer war oder der von dem Land der dicken Mulattin.

»Aber er ist noch immer in mich verliebt, und nur in mich, und ich in ihn bis zum Tod, den wir schon an uns ziehen. Siehst du? Vielleicht fliegt diese Frau genau in diesem Augenblick durch den Himmel, über unseren Köpfen, über der Stadt.«

Vor der Nummer tausend der Santa Fe richtete sie sich auf, lächelte mich an und machte mir den Vorschlag. Ich schwöre Ihnen, daß sie nicht betrunken war, nur vielleicht eine Spur erregt. Sie hatte während der Fahrt das Fenster auf ihrer Seite offen, und die Straßenkälte hat ihr, trotz Heizung, den Kopf klar gemacht.

Ich will die Worte nicht genau wiederholen, Herr Kommissar, die sie plötzlich auf mich losließ. Wir sind

Männer, und Sie können sich meine Euphemismen leicht übersetzen. Sie sagte:

»Warum kommst du nicht mit hinauf, und wir spielen? Schließlich ist dieser Körper nicht mehr meiner. Ich schenk ihn dir, und ich schwör dir, daß du alles damit machen kannst, was dir einfällt.«

Sofort entzog ich ihr das Du. »Sie sind sehr schön, und Sie wissen das. Ich danke Ihnen sehr. Aber Sie sind jetzt nervös und nicht verantwortlich. Wenn wir es tun, werden Sie es morgen bereuen und mich vielleicht hassen.«

»Wie Sie wollen. Es ist eh alles einerlei. Für mich gibt es kein Morgen. Ich weiß nicht, ob ich Sie um ein Almosen bitte und ob Sie es wären, der es gibt, oder ich. Ich sage es zum letzten Mal. Wollen Sie? Ich schenke mich her, und glauben Sie mir, ich tu es nicht, um mich für die Enttäuschung zu rächen. Gehn wir hinauf?«

Mit einemmal, schon vor ihrem Haus, bekam ihre Stimme etwas Bordellmäßiges.

»Schau, wenigstens hast du dann morgen in deinem stinkigen Büro was zu erzählen. Oder du sagst es den Schreibmaschinen, vielleicht schämst du dich ja, Kleiner. Gehn wir. Ich wohne in dreihundertsechs.«

Nie, Herr Kommissar, werde ich die Nummer vergessen. Ich zog es vor, dieser Frau, die schon nicht mehr sie selbst war, keine Antwort zu geben. Ich streckte den Arm aus, um ihr die Wagentür zu öffnen.

»Ich geh ja schon. Gib mir einen Kuß; auf die Wange oder die Stirn, du kannst wählen.«

Ich berührte ihre Stirn mit den Lippen und spürte, wie sie sich von mir löste, ausstieg, über die Straße ging und verschwand. Dann fuhr ich durch die ruhige Nacht, steuerte die Cabildo an, um in mein Haus in Olivos heimzukehren, wo, lesend oder schon erschöpft, meine Mutter wartete.

»Ruhen Sie sich aus«, fordert mich der Kommissar auf. Rauchglasbrille und verdrossener Hängeschnurrbart, braun von Tabaksrauch. Auch ihn muß es langweilen, mich wiederholen zu hören, mit wenigen Varianten, wie ich versichern kann, was in Maschinenschrift auf seinem Schreibtisch liegt. Aber es ist seine Pflicht. Ich benütze die Unterbrechung, um mir eine Zigarette anzuzünden, die fünfte an diesem Tag; und um mir die Beine zu vertreten, fange ich an, durch das kleine Zimmer zu gehen, hin und wieder zurück, was mir zum Vergessen wie zum Erinnern hilft. Dann bitte ich um die Erlaubnis, die Zigarette im übervollen Aschenbecher des Herrn Kommissar ausmachen zu dürfen, und stelle mich ihm zur weiteren Aussage zur Verfügung. Fast übergangslos spreche ich weiter.

Man ist als Mensch immer ganz das, was man ist, aber das ist ein weitverbreiteter Irrtum. Immer ist da auch ein anderes, inneres Ich, das uns Hoffnung, Reue, die Fortdauer einer Vision zudiktiert. Das sind Beispiele, Herr Kommissar. Also gut: auf der ganzen Fahrt die Cabildo entlang sagte mir das andere, innere Ich, daß es der Frau mit ihrer Drohung ernst war, daß sie entschlossen war, sich umzubringen, und daß ich die Pflicht hatte, das nach Möglichkeit zu verhindern. Die ganze Fahrt über, unter dem Geräusch des Motors und dem Surren der jetzt voll aufgedrehten Heizung. Mit jedem Häuserblock wurde diese Idee, diese Vermutung, diese Überzeugung beklemmender. Als ich das erste Mal, vor anderen Beamten, meine Aussage formulierte, mußte ich mir ebenso falsche wie plumpe Auslegungen anhören, die sich nicht scheuten, das Motiv meiner Umkehr festzulegen. Ich reagierte mit Verachtung und tauben Ohren. Ich war noch keine zehn, fünfzehn Minuten gefahren, als ich beschloß, zu dem Wohngebäude in der Santa Fe zurückzukehren, und ich wiederhole es noch einmal, daß nicht Geilheit mich leitete, sondern einfaches, quälendes Mitleid. Ich erinnere mich, daß ich die Wagentüren abgeschlossen und die Schlüssel in die Tasche gesteckt habe. Ich läutete lange an der Portiersloge, ohne mich darum zu kümmern, daß ich belästigte.

Endlich öffnete ein wüst aussehender Kerl mit einem zwei oder drei Tage alten Bart und Schlafmatzen in den Augen, der seine Hose festhielt.

»Was zum Teufel ist los?« fragte er, trotz der frühen Stunde fast brüllend.

»Ich bin mit einer Frau verabredet«, antwortete ich in etwa.

»Was Sie nicht sagen«, wurde der Typ frech.

Aber ich mußte seine Grobheit und seine schlechte Laune übergehen, um die Frau aus dem *No name* zu finden, die Frau mit dem verlorenen Gatten, dem unannehmbaren Angebot, dem Flugzeug, das in eben dieser Nacht ihr Unglück besiegelte.

»Eine mir befreundete Dame, die ich kurz zuvor vor diesem Haus abgesetzt habe. Wir hatten eine Diskussion, und ich will wieder Frieden schließen. Sie ist eben erst gekommen, sie hat einen Pelzmantel an, braun, glaube ich.«

Zu diesem Zeitpunkt hielt ich dem Vieh bereits einen Geldschein unter die Nase, die Hälfte eines Großen. Aus meiner Ungeduld war ein dringendes Bedürfnis geworden. Und meinem Geld gelang es, das Gemüt des Typs zu bewegen.

»Also«, sagte er und kratzte sich das Zottelhaar. »Eine Verabredung um drei Uhr früh, das kann nur eine Hure sein. Und in diesem Haus, das ich wie meine Tasche kenne, sind keine Huren. Wir haben hier nur einen Haufen ausgehaltener Señoritas. Und nie einen Skandal.«

Als er mit seinem herabsetzenden Unterscheiden fertig war und den Geldschein in die Hosentasche gesteckt hatte, zog der Hottentotte die Brauen bis zum Haaransatz hoch und stand bewegungslos da, das Gesicht in Falten gelegt, als könnte er denken. Endlich sagte er:

»Haben Sie kein Erkennungszeichen?«

»Ich habe die Nummer des Apartments: etwas mit zweihundert oder dreihundert, an das übrige erinnere ich mich nicht. Hören Sie: diese Frau hat gedroht, sich umzubringen.«

»War es eine gerade Zahl oder eine andere? Probieren Sie.«

Ich sagte »gerade«, als würde ich im Roulett setzen. »Vielleicht«, sagte der Hominide und begann, gemurmelte Frauennamen, die ich nicht verstand, an den Fingern herzuzählen und abzuhaken.

»Ich vermute was, aber es ist riskant. Ich setze meinen Posten aufs Spiel. Wenn ich mich irre, feuern sie mich. Die Hausherren, meine ich. Die echten. Und ich verdiene nicht viel und hab eine Frau und zwei Kinder.«

»Schluß jetzt. Während Sie reden, bringt sie sich um. Die Polizei und die Richter, und Sie haben die Schuld.«

Er kapierte rasch; es war die reinste Hexerei. Er führte mich in die Ecke mit den Aufzügen, und wir fuhren in den zweiten Stock. Er war ein Vergil mit haariger Brust und stinkendem Hemd.

Er ging, schlappte Pantoffeln, klopfte leise an Türen und sagte: Margarita, nein; Andy, nein; María Inés, nein. Ich war sehr nervös, und mir schien, daß im Himmel Musik war. Er blieb stehen und lehnte die schmutzige Faust an die zweihundertsechs.

»Nichts zu hören«, sagte er unsicher. »Aber Ihrer Beschreibung und meiner Nase nach könnte es sein. Aber ich klopfe nicht, das überlasse ich Ihnen, wenn Sie sich trauen. Wenn es die ist, die ist anständig, aber ein Biest.«

Ich versuchte ihn zu vergessen und drückte die Klingel, die mir mit fröhlichem Weihnachtsglöckchenklingeln Antwort gab. Nichts. Niemand. Ich erwartete, daß sie in einem himmelblauen Pyjama öffnen würde, das Gesicht eingeschmiert mit einer Krem gegen Falten. Ich weiß nicht, warum. Wir gaben es auf.

Wir gingen zum Aufzug zurück, und die Musik kam vom Himmel herab und wurde lauter. Der Portier wurde mir zu vertraulich; es war, als hätte er mir den großen Geldschein gegeben.

»Das kommt aus dreihundertacht; ein Frauenehepaar, aber sehr großzügige Leute. Wenn Ihre Señorita die von dreihundertsechs ist, kann sie die ganze Nacht nicht schlafen. Einmal im Monat feiern sie.«

Der Aufzug fuhr lautlos, und ich fühlte nicht, daß er sich bewegte. Aber er näherte uns einer Orgie von Musik und betrunkenem Gelächter.

Als wir im dritten Stock ankamen, ging der Portier als Besitzer voraus, legte ein Ohr an die Tür und hielt sich das andere zu, um sich gegen das benachbarte Gedröhn abzuschirmen.

Er klopfte mit den Fingerknöcheln, fragte mich wieder, ob ich mir jetzt der Frau und der Nummer sicher sei, dann drückte er widerstrebend die Klingel, die zwei Glokkenspieltöne, h und g, von sich gab und sie mehrmals hintereinander in die, wie wir vermuteten, absolute Stille der Wohnung inkrustierte.

Bis ich ihm sagte, die Tür müsse geöffnet werden, und er einen großen Schlüsselbund aus der Tasche zog und sagte, nein, wenn er sich erdreiste, ohne Erlaubnis fremde Wohnungen aufzuschließen, werde er seinen Posten verlieren und vielleicht bräche noch Schlimmeres über ihn herein.

Aber die Stille des Apartments sonderte sich ab von dem anstößigen Gelärm nebenan, und ich fühlte, daß sie an mich gerichtet war, mich anrief. Aus meiner Angst wurde Verzweiflung. Ich wurde ein anderer, griff in die Innentasche meiner Jacke, zog meinen Personalausweis heraus und gab ihn dem Portier. »Sie schließen jetzt auf«, sagte ich befehlend. »Alles auf meine Verantwortung.« Und schimpfend schloß er auf. Mit den unteren Klassen muß man so umgehen; sie geben sich manchmal sehr anmaßend, sind aber im Grunde servil und deshalb gezwungen, Unterdrückung zu akzeptieren.

Also gingen wir hinein, und der Portier stieß einen Fluch auf das Geschlecht des Herrn Jesus aus, und ich knickte ein und fiel um. Es war keine Ohnmacht, wie man später, unter gemeinen Witzen und Ohrfeigen, zu mir sagte. Es war nicht so, daß ich vor Entsetzen oder vor Schreck das Bewußtsein verloren hätte, vielmehr leide ich seit meiner Kindheit an etwas, das ich Hämophobie nenne. Ich kann den Anblick von Blut nicht ertragen. Alles weitere wissen Sie besser als ich. Der Mantel, der auf dem Sessel lag, die Frau, angezogen, grün, und ohne Kopf. Der riesige Militärrevolver neben ihr. Der Tod wollte ihr eine obszöne Stellung aufzwingen.

An jenem frühen Morgen wurde ich festgenommen und verhört, und wenn ich mir dabei widersprochen habe, dann kam es von dem eben erst erlebten Schrecken.

Heute, über einen Monat später, hat die Zeit Einzelheiten aus dem Gedächtnis gelöscht. Die Wahrheit habe ich immer gesagt, meine Wahrheit. Und jetzt, wenn Sie erlauben, möchte ich eine Frage stellen. Gott bewahre mich vor der Kühnheit, Sie persönlich fragen zu wollen. Ich richte meine Frage an das Leben, an die Luft, an alles, was Sie wollen, an das, woran wir glauben. Verzeihen Sie, wenn ich Sie bitte, sich ein paar Worte anzuhören, die dem Protokoll beigefügt werden können oder nicht, ganz wie die Behörde, die Justiz, es verfügt. Während ich an jenem verfluchten Morgen im zweiten Raum der Wohnung verhört wurde, wurde der Portier unten in seiner Höhle ausgequetscht. Von mir getrennt, damit wir nicht eine gemeinsame Version aushecken konnten. Stellen Sie sich, bitte, für einen Augenblick vor, was ich befürchtete: Und wenn dieses Vieh aus der Portiersloge gelogen hat? Wenn er gesagt hat, daß er mich nie gesehen habe, daß ich darauf geachtet hätte, hereinzukommen, ohne gesehen zu werden, daß ich meinen eigenen Schlüssel hätte? Dann wäre es für Sie alle kein Selbstmord, sondern Mord gewesen, und man hätte mich, sagen wir zehn Tage lang, geschlagen, bis ich entweder das Geständnis oder den Tod vorgezogen hätte.

IV

Darin der Fernschreiber den Schluss schreibt

Das Bikarbonat hat nicht geholfen. Ich gebe weder den Tagliatelle alla Bolognese noch dem zuviel getrunkenen Chianti schuld. Die Redakteure der Zeitung sind zu neunzig Prozent gebildete Leute und keineswegs dumm. Aber viel köstliche Teigwaren und viel Wein in der Zeitungskantine verändern die Persönlichkeit. Ich ging, weil ich fürchtete, das von Cognac begleitete Finale des Essens werde sie in einer Kantilene Halbbetrunkener vereinen. Es war schon gegen vier Uhr nachmittags.

Meine Übelkeit verdankte sich den nachgerade unanständigen und laut belachten Witzen über den Anlaß des Essens, das vom Hause bezahlt wurde und mit dem der nun bereits neun Monate alte Erfolg der Spermatozoiden des Bartlosen – unseres Lampiño – gefeiert werden sollte.

Ich war schon aufgestanden, hatte, ohne mir Zahlen anzusehen, die Rechnung abgezeichnet, die gewaltig sein mußte, als der Bartlose, jetzt grauköpfig, zu mir kam und mich, zwei Gläschen in der Hand, liebevoll anstupste.

»Ich möchte mit Ihnen anstoßen, Don Lamas«, sagte er. »Ein Likörchen, das meine Mutter in Carupé herstellt. Niemand außer ihr wird je das Rezept erfahren.«

»Danke, ich dank dir sehr, Lampiño. Aber ich hab schon zuviel. Ich möchte keinen Tropfen mehr.«

»Wissen Sie, er ist aus Blüten gemacht und bei Vollmond« – er war glücklich, betrunken und stammelte.

»Nein, danke«, wiederholte ich; »sonst müssen wir hinter Gittern trinken.«

»Also entschuldigen Sie, Don Lamas. Aber dort drüben in Lavanda hat man Sie mir völlig umgekrempelt. Trotzdem, immer gut Freund, immer zu Diensten.«

Alle Tage, sonntags nie, es sei denn bei Weltuntergang, traf ich mich um fünf mit dem Direktor, *el Dire* genannt, wie ich *el Secre*. Ich kannte Olivares, den Direktor und Beinah-Besitzer, schon vor meinem Exil in Lavanda. Ein guter politischer Redner, Playboy um die Fünfzig, groß und schlank, silbergraues Haar und bestens eingekleidet in London. Unter den reichen jungen Leuten war es damals ein Adelstitel, eine Geliebte zu haben, die dem Ballett des Theaters *Cristóforo* angehörte, dem besten der Stadt. Es gab viele, die keine hatten, sich aber eine mieteten, um sich an bestimmten Vergnügungsstätten, die für aristokratisch galten, weil sie sehr teuer waren, an ihrer Seite sehen zu lassen. Aus keinem anderen Grund. Olivares hatte eine. Ich durfte sie kennenlernen: Sie war jung und schön, ihr Nom de guerre klang französisch, und der Diskretion befleißigte sie sich nicht. Aufgrund von Vertrauensbrüchen wußte ich, daß Olivares Künste praktizierte, die Freud akzeptiert und die seiner Männlichkeit keinen Abbruch taten. Viele, sehr viele Millionen flossen ins Land und liefen, ich weiß nicht warum, über Olivares, damit er sie wusch. Er benützte sie dazu, eine Zeitung herauszugeben, und machte sie hervorragend: führend, was die Auflagenhöhe, führend, was die Anzeigen betraf.

Trotz all dieser und anderer Gerüchte war ich Olivares, ohne es je bis zur Freundschaft zu bringen, dankbar. Zwei oder drei Monate nach meiner Rückkehr startete er eine Suchaktion, um mich aufzustöbern, holte mich aus der jämmerlichen Pension, in der ich mit meiner Flasche Chisotti hauste, und nahm mich wieder in die Zeitung. In Wahrheit hat er mir das Leben gerettet oder hat es mir wenigstens, zu meinem Glück oder Unglück oder zu nichts, was einen begreifbaren Sinn ergibt, verlängert.

»Was haben wir denn heute?« fragte er mich an diesem Nachmittag. Ich sagte, der Balken über der gestrigen Ausgabe laute, wie er ja wisse: *Das Verbrechen in der Avenida Santa Fe*, und über dem Exemplar, das jetzt in der Mache sei, stehe vielleicht eine Frage: *Selbstmord oder Verbrechen?*

Er sagte, da müsse mehr her, *El Heraldo* behaupte immer mit Bestimmtheit. Ich antwortete, unser Mann in der Chefetage der Calle Moreno sei ein guter Informant und übermittle uns immer alles, was er bekomme.

»Wir wissen«, sagte ich, »daß die Frau Petrona García heißt und daß sie, soviel man bis heute weiß, nicht vorbestraft ist. Wir werden weiter schürfen.«

Ich ging in den Redaktionssaal hinunter, wo sich das Geklapper von hundert Schreibmaschinen mit dem blauweißen Rauch – den Landesfarben – vermischte. Ich las Artikel und Fahnen, ich betätigte den Rotstift und den Blaustift, erteilte Befehle und Ratschläge. Da ich schon müde war, fing ich an, einen Apfel anzubeißen. Der Fernschreiber tickerte wie wild. Die Gringos meldeten:

»EL PRESIDENTE« AUF DEM FLUG VON BUENOS AIRES NACH NEW YORK ABGESTÜRZT STOP DER UNFALL EREIGNETE SICH AUF DER STRECKE RIO DE JANEIRO – PORT SPAIN (TRINIDAD) 877 MEILEN NÖRDLICH VON RIO DE JANEIRO STOP AN BORD BEFANDEN SICH 41 PASSAGIERE UND 9 MANN BESATZUNG STOP ALLE SIND UMGEKOMMEN STOP DIE TRÜMMER DES FLUGZEUGS WURDEN 1.200 METER ÜBER DEM MEER AUF DEN HÄNGEN DES MONTE TAMANACO GEFUNDEN STOP.

»Das war in Brasilien«, sagte der Bartlose, der immer noch da war, obwohl er Erlaubnis hatte, nach Hause zu gehen und sich die Windeln seines Kindes anzuschauen, des Neugeborenen, das wir vor ein paar Stunden gefeiert hatten.

»Ja«, sagte ich, »aber das Flugzeug ist hier gestartet. Hol mir Weinberger ans Telefon, wo immer er sich aufhält. Er ist unser Rechtsberater. Man muß an die Lawine von Angehörigen denken, die Schadenersatz verlangen werden.«

Und ich biß weiter, bis ich mit dem Apfel fertig war.

Anmerkungen

Porteño: Einwohner von Buenos Aires

Palermo, *San Isidro*, *San Telmo*, *Olivos:* Stadtviertel von Buenos Aires

fané: Anspielung auf den Tango *Esta noche me emborracho* von E. S. Discépolo, der mit der Zeile beginnt: »Sola, fané, descangayada« – »Einsam, erledigt, abgewrackt« (D. Reichardt, Tango, Frankfurt 1984)

Cortes, *ochos*, *quebradas:* Tangofiguren (ebd.)

Inhalt